谷山の歴史入門

麓　純雄
Fumoto Sumio

南方新社

はじめに

谷山地区は、数多くの縄文・弥生遺跡や南北朝時代の谷山氏の活躍などの歴史があります。また、鹿児島市と合併してからは、人口4～5万人の地方都市から、人口約16万人の「中核市の副都心」へと変貌しています。

谷山地区の歴史等を総合的にまとめた大著として『谷山市誌』がありますが、昭和42年の発行であり、谷山地区の特徴の一つである合併後については、ふれられていません。

谷山地区の小学校長という私の立場からすれば、合併後の谷山地区の推移も含めた、もっと手軽な読み物資料も必要と思っていました。谷山地区の子どもたちに、郷土に愛着と誇りを持ってほしい、地域の一員としての自覚を持ってほしい、自分の学校に誇りを持ってほしい、という気持ちもあります。そのためには、まず「知る」ことが大事です。

作成上の基本方針としては、人物名があります。近世以前については、いわゆる歴史上の人物として多く記述していますが、明治以降については、意図的にふれたい人物や記述上どうしても必要な人物に限定しています。谷山地区の発展には数多くの人物が関与していますが、御了承いただきたいと思います。

本書の執筆については、多くの参考文献を生かしたりフィールドワークを行ったりしましたが、谷山市民会館主催の講座「谷山の文化・歴史入門」（講師　岩本健二先生　谷山観光協会郷土開発委員）も大変参考になりました。文献だけでは把握できない、細かい点まで説明していただきました。また、個人的な疑問点や不明点にも対応していただいたことにも感謝申し上げます。

谷山が鹿児島市と合併してから現在に至るまでの期間については、特に鹿児島市役所の関係担当者の皆様にお世話になりました。感謝申し上げます。

鹿児島市役所　総務課　広報課　企画調整課　都市計画課　土地利用調整課

谷山支庁　総務課　谷山都市整備課

鹿児島市教育委員会　学務課　学校教育課　文化財課　谷山分室　谷山市民会館

電話での問い合わせや資料提供、細かい説明等、親切丁寧に対応していただきました。

また、特にⅡ部に関しては、谷山地区の15小学校（本校を除く）に記念誌や郷土誌等の資料提供について、御配慮・御協力をいただきました。

写真等の資料については、鹿児島市役所やふるさと考古歴史館を始め、多くの皆様に御理解・御協力をいただきましたが、次のように分類してあります。

《　》……『谷山市誌』『鹿児島市史Ⅳ』

【　】……「かごしま市民のひろば」「市民フォト鹿児島」「市政広報写真フラッシュ」や参考文献であげた公共機関作成の本

〔　〕……谷山地区の16小学校の記念誌等

（括弧がついていないものは、筆者が撮影したものです。）

最後に、本書が郷土教育資料の一つとして、また、谷山地区についてもっと知りたいという多くの方々にとって、何らかの参考になれば大変有難いことだと思います。

鹿児島市立西谷山小学校

校長　麓　純雄

谷山の歴史入門 ——もくじ

Ⅰ部　谷山の歴史

第1章　谷山の由来

谷山は、なぜ「谷山」という地名がついたのか、いつから「谷山」と呼ばれるようになったのか、まずは、谷山の由来から調べていきましょう。

地名の由来については、残念ながらはっきりしていません。柏原神社由緒（記録）には、神話の時代、宮崎で天下を治めていた神武天皇が、鹿児島方面に立ち寄られた時、船を着けた所を「谿《たに》ノ山」といった、とあり、そこから「谿山」という地名がついたと伝えています。

では、いつ頃から「谷山」という地名はあるのでしょうか。

「谷山」という地名の初見は、９０５年、「延喜式《えんぎしき》」（平安時代の法令集）民部の条です。

薩摩の国に、13の郡（出水、高城《たかぎ》、薩摩、甑嶋、日置、伊作、阿多、河辺、頴娃、揖宿、給黎《きいれ》、谿山、鹿児島）があって、その1つとして出てきます。

736年の「薩麻《さつま》国正税帳」（薩摩国の収入と支出のまとめを中央政府の役所に報告した帳簿、正倉院文書で、一部のみ現存）には、薩摩国13郡のうち、一部しか残っていないため、出水、高城、薩摩、阿多、河辺の5郡のみ地名として残されています。

両方とも13郡ですし、記録の5郡は全く同じですから、他の8郡もそのままと考えられますが、文字としての記録が残っていません。六国史（720年にできた日本書紀～901年にできた日本三代実録　国が作った正式の歴史書）にも、郡名は見あたりません。

なお、8世紀前半までは「薩麻」が正式名称で、その後、薩摩となりました。

ちなみに、大隅国は、713年に、肝坏《きもつき》・曽於・大隅・姶羅《あいら》の4郡で成立しています。大隅国は、はっきりしていますね。

「谷山」という地名には、約1100年の歴史があるのです。

同じく10世紀に書かれた「和名抄《わみょうしょう》」（平安時代の百科事典）では、「谿山」を「多仁也末」（たにやま）と読ませ、谿山郡に、久佐郷と谷上郷（谷山郷の誤りと考えられ、以下、谷山郷と記述します）の２郷があるとしています。この２郷の所在は、谷山郷が北部の上福元、中村、五ヶ別府付近です。久佐郷が下福元、平川付近とも考えられますが、はっきりしません。久佐郷の名がいつ頃なくなったかも不明です。

但し、久佐郡と似たような呼び名として、和田名に伊佐知佐神社があります。草野貝塚や久須和崎もあります。谷山郷と久佐郷は、谿山郡の北部と南部、木之下川をはさんで分かれていたとも考えられます。

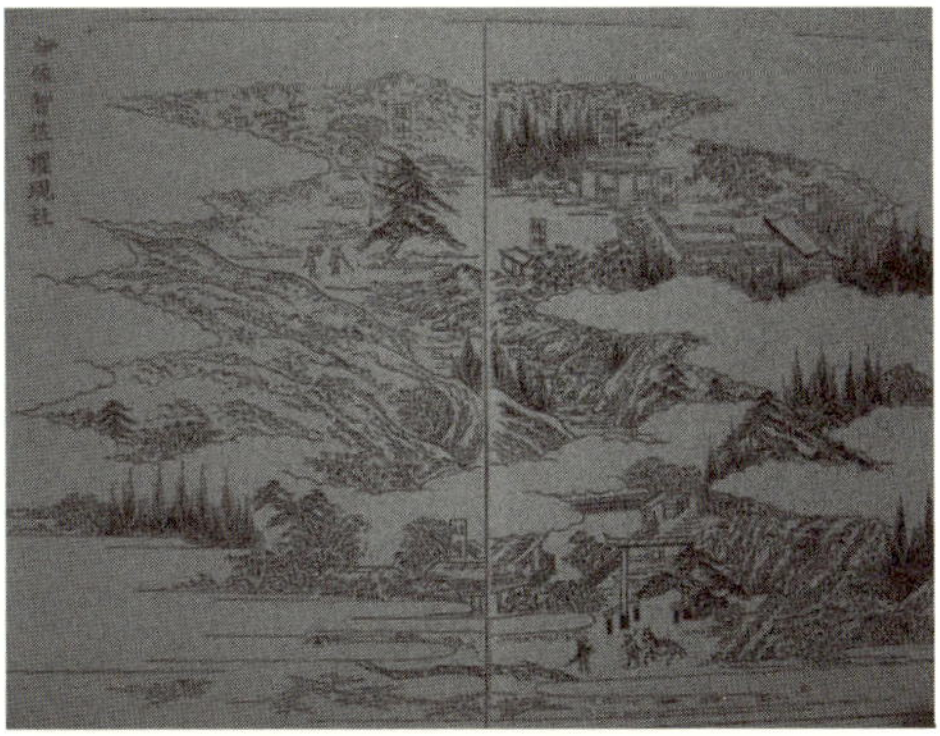

伊佐知佐神社（三国名勝図会）

江戸時代に書かれた「三国名勝図会」には、本来、谷山は伊佐知佐郷（福元、和田、平川）と山田郷（中村、山田、五ヶ別府）とからなっている、と書かれています。山田郷が谷山郷で、伊佐智佐郷が久佐郷とも考えられます。

「谷山郡」は、明治29（１８９６）年の新郡区編成の時に、北大隅郡

〔昭和**10**年頃の神事〕

とともに鹿児島郡に合併し、廃止されました。

「たにやま」の漢字としては、「谷山」「谿山」「渓山」が使われています。「谷山」と「谿山」がほとんどですが、使われ方は時代によっていろいろです。全体的には、郡全体を表す時には「谿山」と書き、単に村を表す時には「谷山」と書いてあることが多いです。明治16（1883）年に、政府が発行した書類には、「谿山郡谷山村」と書かれています。

本書では、特別な場合を除き、「谷山」として記述します。

【伊佐知佐神社（以前）】

伊佐知佐神社（現在）

第２章　縄文時代～弥生時代

南北に長い谷山地区の地形は、おおまかに言えば、西部（特に南西部）に山間部が広がり、だんだんと小高い台地となり、錦江湾に面する東部が低地ということになります。

旧石器時代（１万２０００年ぐらい前まで）や縄文時代草創期（１万２０００年ぐらい前～９０００年ぐらい前）は、現在に比べて気温が低い時代で、海水が凍るため、海面が低いでした（現代は、温暖化による海面上昇が、世界的な環境問題になっていますね）。２万年前は今よりも１５０ｍも低く、縄文時代草創期も１００ｍ低いのです。その後温暖化により海面が上がり続け（「縄文海進」といいます）、６０００年ぐらい前には、現在と同じようになっています。

さらに海面は上がり、縄文時代前・中期から弥生時代の４０００年ほど前～２０００年ほど前は、海面が今より２～４ｍも高く、今の市街地付近はほとんど海だったといわれています。

『谷山市誌』（昭和42年発行）は、「谷山に於ける遺物出土地並に遺跡地名表」として、76ヶ所（88～96ページ）をあげています。その内訳は、縄文が5、弥生が69、古墳期が2です。

谷山地区は、県内でも遺跡の多い地域の1つになっています。

それらの遺跡や土器の出土地をみると、おおまかには、縄文期が丘陵地や台地、あるいは一部台地の前端（日当たりが良く、水の得やすい、海岸や川べりに近い台地）にあるのに対し、弥生期になると、小台地や山麓地帯、低台地、あるいは永田川流域など、いずれも低湿地帯を望む場所に移ってきています。

人々の生活が、縄文期の狩猟や採集中心の生活から、弥生期には農耕生活中心に変わってきたためと考えられます。

ここでは、代表的な遺跡として、掃除山遺跡、草野遺跡、魚見ヶ原遺跡、不動寺遺跡の4遺跡を取り上げます。

掃除山遺跡（下福元町）は、縄文時代草創期の遺跡で、桜島噴出（1万1500年ほど前）より古い時代です。前ページでも述べたように、とても寒い時代です。西谷山小裏の高台にあります。隆帯文《りゅうたいもん》土器（200点以上出土）

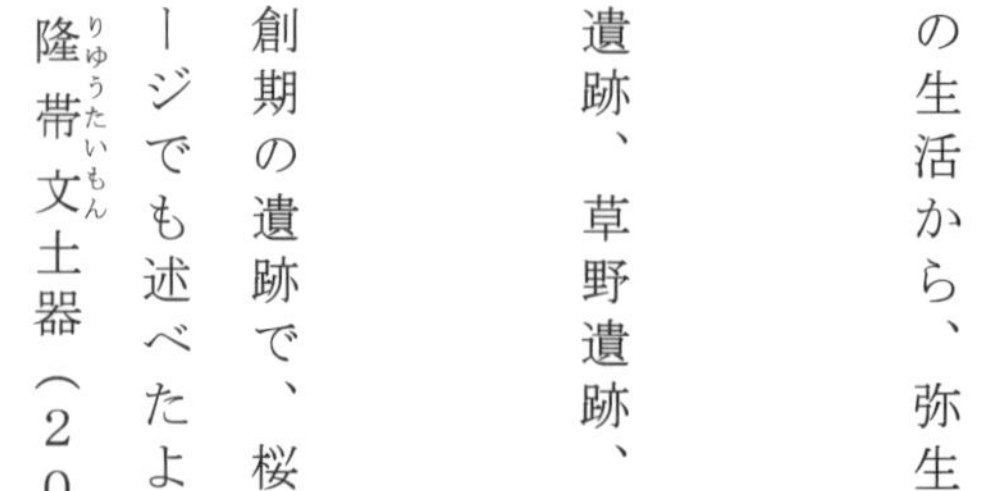

隆帯文土器（ふるさと考古歴史館）

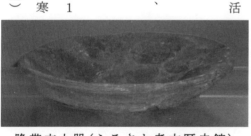

など多くの土器や石器の他に、集石遺構（石蒸し料理に使われた）や連穴土坑（肉の燻製を作った）も発見されました。隆帯文土器は、南九州における縄文時代草創期の代表的な土器です。粘土ひもを口縁部にはりつけ、さらに刻み目をつけて文様としたところに特徴があります。

この他、掃除山遺跡の最も特徴的なことは、南に傾斜する斜面に、2軒の竪穴住居跡が検出されたことです。大きさは直径約4・6mで、楕円形に近い形をしています。住居内には、17本の柱穴がみつかりました。

【掃除山遺跡模型】

これらの遺跡については、土器が比較的多く出土したこと、磨製石斤の割合が高いこと、重い石皿が存在していることなどから、定住的生活の最初期と考えられます。まだ完全な定住には至っておらず、夏場の居住地と冬場の居住地を移動するタイプの定住（振り子型定住）の可能性（夏場に生活が営まれたかどうかが不明）が指摘されています。

これまでの狩猟中心の移動生活から、定住生活への過渡期にある貴重な遺跡だということです。

草野遺跡（下福元町）は、縄文時代後期（約4000年前～約3000年前）を中心とする遺跡で、標高約40ｍのシラス台地の縁にあります。この時代は海面が現在よりも高いですから、今より海に近いことになります。

揖宿式土器の時代に属するもの４軒、市来式に属するもの39軒、草野式に属するもの３軒、計46軒の竪穴住居跡がみつかりました。

草野遺跡は、地層が９層に分かれていますが、揖宿式土器は第３層以下にしか出土しません。市来式土器は、第５層より上の第１層まで出土しています。草野式は上層のみです。数量からも市来式土器が最も多いです。揖宿式土器から市来式土器への推移が考えられます。

出土遺物の量が多く、収納箱で土器５００箱、石器など２００箱、獣骨45箱、魚骨２箱、貝類は土嚢《どのう》袋で約２０００袋に及んでいます。哺乳類の骨は16種類発見されましたが、イノシシとシカが90％以上を占めています。磨石・石皿も多数あり、植物性食料をかなりとっていました。

また、動物の骨を加工した耳飾りや髪飾りなども多数あり、赤色に塗られた土器（右写真の台付

【土器（草野遺跡）】

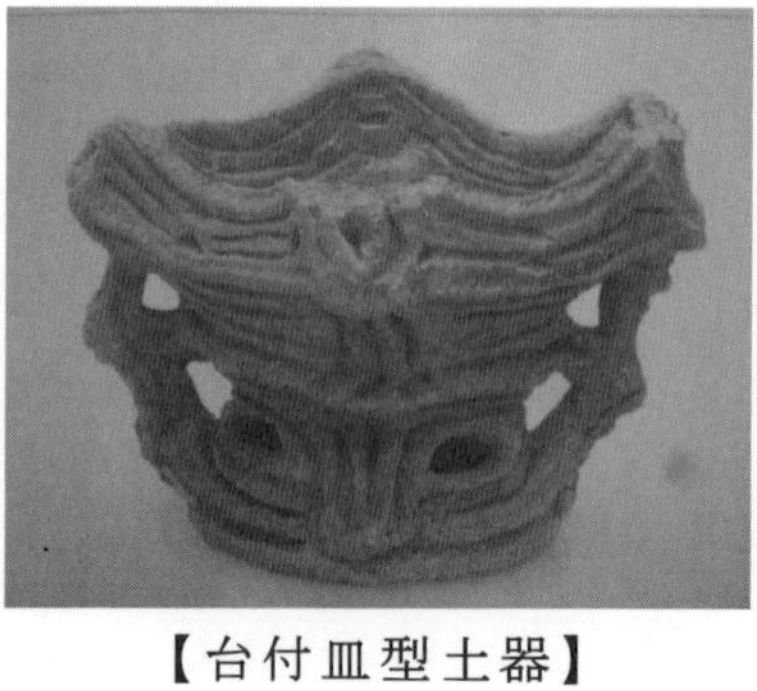

【台付皿型土器】

皿型土器)、丸木舟や動物などを模した軽石加工品などもあります。

この時代に、北九州や中九州、および特に舟形の軽石加工品から種子島、奄美大島、沖縄方面まで交易が行われていたことがわかります。

古墳時代の住居跡もみつかっています。

魚見ヶ原遺跡(魚見町)では、弥生時代前期末(約2100年前)の竪穴住居跡が4軒みつかっています。標高60mの台地の縁にあります。多くの打製石鏃《やじり》と炭化した木の実や磨石とともに籾の跡がある土器もみつかっています。道跡も1本あります。水田跡や米そのものの発見はありませんが、狩猟・採集生活をしながらも、米作りを導入した様子がうかがえます。

また、みつかった竪穴住居は、韓国にある松菊里型《しょうきくりかた》住居と同じような特徴を持っています。「平面形か円形もしくは長方形で、床面中央に楕円形の土坑(柱を立てる穴のこと)があり、さらにその土坑に内接あるいは外接して対となる2本の柱」があるのです。大陸とのつながりや稲作との関連も予想されます。

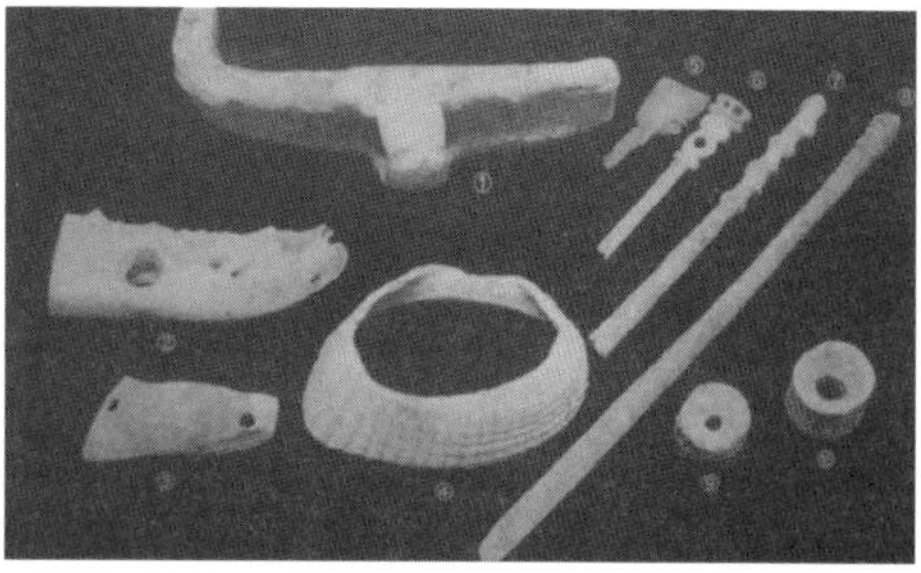

【骨角器(アクセサリー)】

沖縄や大陸（主に朝鮮半島）とのつながりなど、「海」を通しての交流は、かなり古い時代から広範囲に及んでいます。

不動寺遺跡（上福元町）は、縄文時代中期～弥生時代後期・古墳時代前期・古代・中世・近世（江戸時代のこと）とすべての時代にわたって遺物が発見されています。日当たりの良い不動寺丘陵、丘陵下を流れる不動寺川、丘陵の西側にある湿地帯および池、東・南側へ広がる平野部などの地理的条件が、人々の居住環境に適していたためです。

約2万点の遺物は、古墳時代の成川式土器が大部分を占めていますが、縄文式土器や弥生式土器も出土しています。掘立柱建物跡（直径25～40㎝、深さが70～80㎝の柱穴があります）や溝状遺構（建物などの区割りと考えられます）、池状遺構（県内では最古と見られ、ひょうたん型です）もあります。

平安時代（900年頃）には、直径1ｍほどの火葬墓も発見されています。掘り込まれた穴の中央に土師器《はじき》（素焼きの器）の甕《かめ》を置いて、周りに

【不動寺遺跡上空写真】

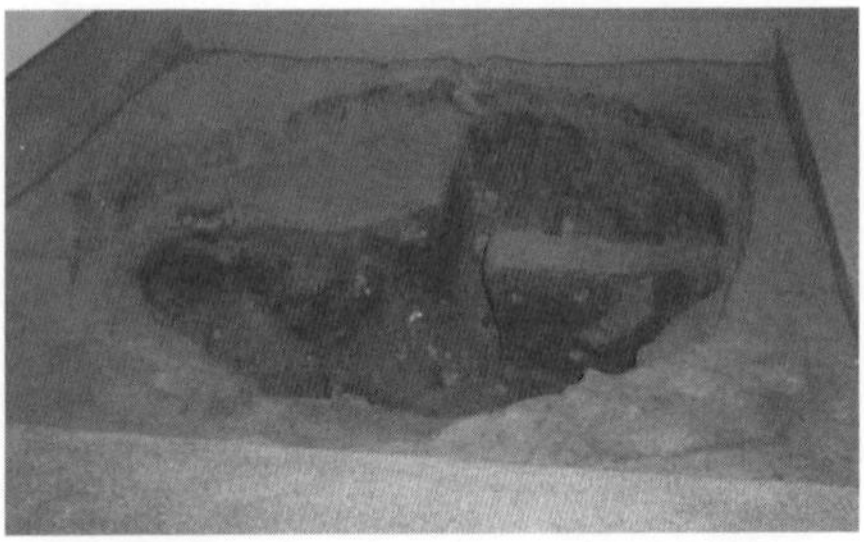

火葬墓（ふるさと考古歴史館）

木炭を詰め込んでいます。火葬墓は、仏教の浸透を示す遺構とされています。近くの弓場《ゆんば》城では、天目茶碗や火葬骨を入れた蔵骨器の埋められた様子も確認されています。

南北朝時代の屋敷跡もみつかっています。出土した硯《すずり》や石帯《せきたい》（緑色と赤紫色をしたガラス質の石を丁寧に研磨して造られており、革ベルトに付けた）、建物の大きさや池状遺構などから、「谷山郡をおさめていた郡司、もしくは豪族の邸宅だったのではないか。」と推測されています。

不動寺という地名について。現在、不動寺という寺はなく、１８４３年に書かれた「三国名勝図会」（最も信頼のおける史料です）にも不動寺に関する記録はありません。１８２９年に編修された「谷山諸記」（谷山の寺院には詳しい）には「上福元村之内不動寺　一、地蔵堂一宇……木立像高サ壱尺五寸位（約45㎝）　由緒相知不申候《ゆいしょあいしりもうさずそうろう》（由緒についてはわからない）」とあるのみでした。ただ、宝動寺という地名があり、地蔵堂も残っています。

溝状遺構（ふるさと考古歴史館）

池状遺構（ふるさと考古歴史館）

14世紀中頃、福崎能廣（島津家家臣　子孫は谷山に居住）が「自分の菩提寺として、谷山に宝動寺を創建した」という記録（伊地知季安《すえやす》著「帖佐来歴」　姶良市帖佐の歴史や名所について書かれた本　伊地知季安は、幕末薩摩藩の記録奉行で、優れた歴史家です）があります。場所や地形等、さらに方言や言葉遣いなど総合的に判断して、宝動寺＝不動寺と考えられます。

本来、宝動寺だったのが、いつの間にか不動寺へと変わったのです。

不（宝）動寺は、14世紀に造られたが、後世廃寺となり、江戸後期には地蔵堂しか残っていなかった、ということになります。

皇徳寺地区がかつて「皇徳寺」という寺があった（49ページ参照）ことから名付けられたように、不動寺地区の地区名は「不動寺」という寺、ということになります。

天目茶碗（ふるさと考古歴史館）

なお、本章で詳述した遺跡については、ふるさと考古歴史館で、詳しく展示・説明されています。

第3章　古代～鎌倉時代

この時代は、谷山地区独自の歴史だけでなく、特に、国の政治の在り方を調べていく中で、谷山はどうだったかをとらえていく必要があります。

3世紀末～4世紀にかけて成立した大和朝廷は、勢力を伸ばすために、5世紀後半、全国的には6世紀から、各地の有力豪族を国造《くにのみやつこ》として地方を支配する体制（国造制《こくぞうせい》）をつくりました。

その後、7世紀末からは、これまでの国造の支配から、山や川などを国境とし、国司《こくし》を派遣して支配させる単位としての「国」を設定しました。

西海道《さいかいどう》（今の九州）では、690年に筑後国（今の福岡県の一部）ができたのが最初です。日向国（今の宮崎県）や肥後国（今の熊本県）もできますが、大隅地方は日向国に属し、薩摩地方は、肥後国の影響を受けていた出水地方を除いて、同じく日向国とされていたようです。

大隅国は713年に成立し、薩摩国もはっきりした年は不明ですが、8世紀初めです。

8世紀になると、政府は、地方を治めるために、中央政府から派遣される国司と地方の有力者の中から任命される郡司《ぐんじ》をおきました。

このような流れの中で、10世紀に成立した「延喜式」や「和名抄」の中に、「谿山」も出てくるのです。前述したように、谿山郡は、谷山郷と久佐郷の2郷です。

7~8世紀の国の経済的な政策は、口分田（公の田）を農民に耕作させ、税金を納めさせる班田制でしたが、実際はうまくいかず、723年には三世一身法（未開地の場合は3代の間、旧来の灌漑施設を利用した場合は本人だけ私有化）、742年には墾田永世私有令（永久に私有化）を出して、土地の開墾奨励をせざるを得ませんでした。これが荘園《しょうえん》（貴族・寺社の私的な領有地）の成立のきっかけとなります。

10世紀の初めから、数回、荘園整理令を出しましたが、十分な成果は得られませんでした。

薩摩・大隅においては、730年に班田制を行おうとしましたが、混乱を招くという太宰府の反対もあり、国は断念しました。その後も長く班田制は行われず、800年に、班田を行おうとした時には、逆に中央では班田制が崩壊する時期でしたので、あまりできなかった（しなかった）ものと考えられます。

薩摩国、大隅国には、「島津荘」という結果的には日本国内で最大規模の荘園ができました。

「島津荘」の起源は、11世紀前半に、太宰府の役人であった平季基《たいらのすえもと》が弟の良宗とともに、日向国諸県《もろかた》郡島津の地（現在の都城市）に来て、「無主の地を開発」（「　」部分は再検討が必要とされています）して、摂関家（藤原道長の子の頼通　摂政・関白という貴族としては最高の位を務めることができる家柄なので摂関家といいます）に寄進したものです。寄進した主な理由は、寄進された貴族や社寺の多くが「不輸の権」（人や土地に対する税の免除）や、後には「不入の権」（国の役人の立ち入りを認めない）をもっていたからです。寄進することによって、自分の荘園を守ろうとしたのです。この頃の税は、年貢と雑税とに分かれていましたが、年貢を国司に、雑税を荘園領主に納めました。

11世紀の間は、島津荘は、それほど大きくなりませんが、12世紀になると、土地が「寄郡《よせごおり》」に変わっていきます。「寄郡」は、荘園と国衙《こくが》（国の役所）の両方に属した土地でしたが、年貢を2分して国司と荘園領主、雑税は荘園領主ということで、荘園領主の取り分が多く、それだけ荘園領主の権限が強く、国衙の支配が及びにくい領域でした。

郡司などの地方豪族も摂関家に近づこうとし、摂関家もさらに経済基盤を強めようとしたのです。これに対し、大隅国衙は、勢力を少しでも維持するために、国衙領を大隅正八幡宮（今の鹿児島神宮）に寄進（この頃は寺社の勢力も強かったのです）しています。そのため、大隅正八幡宮半不輸領も拡大しています。

少し話がややこしくなりましたが、谷山郡は、ほとんどが島津荘の寄郡所在地となっています。近くの河辺郡や揖宿郡も同様ですが、鹿児島郡（谷山市と合併する前の旧鹿児島市付近）は、島津荘の寄郡所在地と大隅正八幡宮半不輸領の混在地となっています。

具体的に、谷山郡を誰が支配していたかの初見は、１１５６年です（『谷山市誌』）。

鹿児島之内　武三十町　谷山ニ福本五十五町　同薩摩内四十町を給候

とあり、土地を与えられたのは「竹内兄弟四人」です。「竹内兄弟四人」のうち、「次郎」が「谷山ニ福本五十五町」を与えられています。竹内兄弟四人がどのような人物かは不明です。なお、１

１１５６年は、平清盛と源義朝が戦った保元の乱があった年です。

この頃、薩摩・大隅では、平忠景の反乱（１１５４〜63頃）が起こりました。

平忠景は、薩摩平氏の一族です。谷山地区と最も関わりの深くなる谷山氏の祖である谷山信忠の叔父になります。

平清盛

なお、谷山には、「伝《でん》秀頼の墓」（宝塔）があります。「豊臣秀頼の墓と伝えられているもの」ということです。伝説では、大坂城を脱出した秀頼は、平川に上陸し、木之下に居をかまえました。木之下という地名は、豊臣家の旧姓にちなんだものといわれます。

宝塔の高さ約２ｍ、円筒の直径62㎝の大きなものですが、他の宝塔と比較して、鎌倉時代に建立されたもので、谷山氏初代の信忠の供養塔ではないか、と考えられています。

伝秀頼の墓

中央政界では、１１５９年の平治の乱以後、平清盛を中心とする平氏の力が強くなります。平氏は、摂関家とも結びつきを強めたため、摂関家領の荘園であった島津荘にも平氏の支配が及んできました。平氏は、清盛の弟の忠度《ただのり》を薩摩守にしますが、忠度は薩摩に来たわけではありません。実際の支配者は、目代《もくだい》という立場の阿多宣澄《のぶずみ》でした。宣澄も薩摩平氏一族です。反乱を起こした平忠景の娘婿《むすめむこ》ですが、忠景とは政治的立場が異なったため、没落を避けられたと考えられます。

その宣澄が、谷山郡、伊作郡、日置郡南郷、北郷などの領主でした。

島津荘を起こしたのが平季基、谷山郡の領主も薩摩平氏一族の阿多宣澄と、薩摩・大隅においては、長年平氏の勢力が強かったのです。

但し、平清盛とは別の一族です。平氏・源氏とも多くの一族があり、すべて血縁関係があるわけではありません。

そうした中、中央政界で、平清盛の後、勢力を伸ばしたのが、源頼朝です。鎌倉幕府を開いた後、地方を治めるために、守護（主に軍事や警察）・地頭（主に年貢の取り立てや犯罪の取り締まり）を置きました。

源氏が勢力を伸ばしたことで、薩摩・大隅も変わります。

源頼朝

１１８５年、惟宗忠久《これむねのただひさ》（島津家初代忠久のこと）が、島津荘の下司職《げししき》（翌年、地頭職と改められた）に任命されました。忠久は、島津荘の領主であった摂関家に仕える役人であり、また、幕府の有力者であった比企能員《ひきよしかず》の「縁者」（忠久の母が比企氏）であったことから、両者の利害関係が一致したのです。この時、忠久は7歳です。薩摩に来ますが、薩摩に来たのは1回だけで、鎌倉で生活し、鎌倉で亡くなります（実際に薩摩で生活するのは、４代忠宗からです）。

忠久は、１１９２年には、阿多宣澄の所領であった谷山郡、伊作郡などの地頭職となり、１１９７年には薩摩・大隅の守護になっています。

但し、１１９２年に惟宗忠久が谷山郡の地頭職に任命された時には、谷山の開発領主として、また谷山郡の郡司として、すでに別府弥平五信忠が谷山郡を支配していました。しかも、１２０３年には、信忠は鎌倉幕府から開発領主としての権限や従来からの郡司職をはっきりと認められています。信忠は、平氏一族で、谷山氏の初代となります。

１１９７年に作られた「建久図田帳」という記録があります。薩摩国は、総田数は４０１０町（ほぼ㌶と同じ）余、島津荘は２９３４町余で、全体の70％を超えています。そして荘園の70％以上が「寄郡」（27～28ページ参照）です。このように「寄郡」が増えたのは、国衙と荘園側の提携もあります。「寄郡」ではない荘園部分を「一円領」（薩摩国では635町）といいますが、「一円領」からの年貢はごくわずかでした。「寄郡」なら半分は入ってきました。

谷山郡は、200町歩のうち、182町歩が「寄郡」です。

また、薩摩国には、太宰府領もありました。谷山郡の場合は、残りの18町歩が太宰府領で、太宰府と関係のあった伊佐知佐社領（15ページ参照）となっています。

谷山郡についてまとめます。

谷山郡は、早くから国衙《こくが》（国の役所）領として、国司・郡司の支配を受けていました。荘園が発達するにつれて、多くの土地が「寄郡」となり、12世紀後半には、平氏一族の阿多宣澄の支配下にありました。

1192年には、源氏方の惟宗忠久（島津忠久）が地頭職になっていますが、同時に、平氏一族の谷山信忠が開発領主・郡司として支配していました。阿多宣澄と谷山信忠は、血のつながりはありませんが、従兄弟《いとこ》の関係になります。

1つの国・地域を治めるのに、昔からの国司・郡司という立場と、新しい守護・地頭という立場がありました。こうして、谷山郡においては、島津氏と谷山氏との長年にわたる対立・抗争へとつながっていきます。

ここで、氏《うじ》（本姓）と名字（俗姓）について。現在は名字しか使いませんが、平安末期から鎌倉時代にかけて、氏と名字を使い分けるようになりました。氏は、どんな家柄か、誰の子孫かなどを示します（但し、氏は自分で都合良く決めたこともあったので必ずしも本当ではありません）。谷山信忠は、「谷山」が名字で、「平」が氏です。島津家は、島津荘を治めたことから名字を「島津」とします（元々は惟宗です）が、氏は「藤原」や「源」などです。江戸時代になってからは、「源」のみになります。日常では島津斉彬《なりあきら》ですが、正式の文書では「源斉彬」です。下級武士だった西郷隆盛も、氏は藤原だったので、「藤原隆永（本当は隆盛ではなく隆永）」という印鑑をつくっています。明治時代の洋画家の黒田清輝も、「源清輝」とサインした絵もあります。

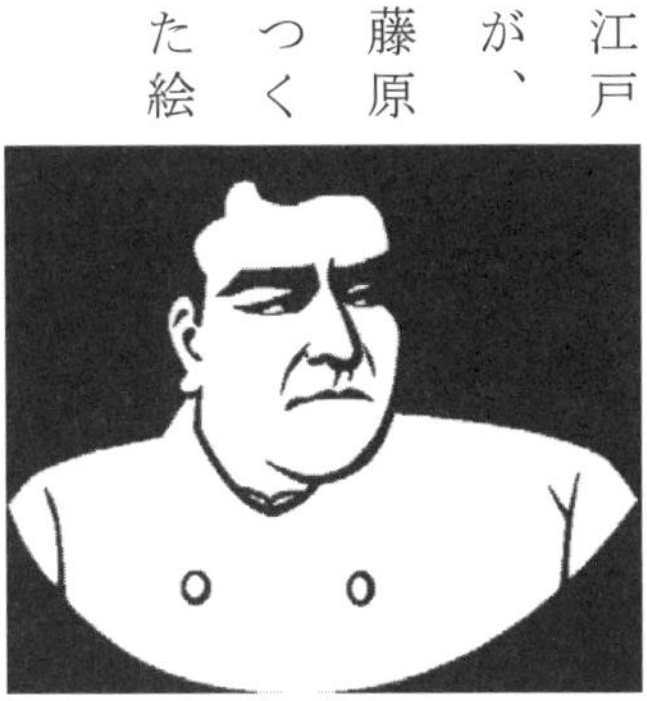
西郷隆盛

名字については、阿多氏や谷山氏のように、自分の領地や出身地などをつけている場合が多いです。頴娃氏・指宿氏・河辺氏など、すべて薩摩平氏一族です。

さて、谷山氏と島津氏の対立について。

但し、両氏は、ともに鎌倉幕府の御家人でもあり、初めから対立していたわけではありません。１２２１年には、２代谷山忠光は、幕府から谷山郡の支配を認められており、１２４０年には、島津忠時（鎌倉在住で、鹿児島にはいません）から谷山郡の地頭職を受け継いでいます。また、谷山氏４代資忠の姉（か妹）は、島津氏一族の山田氏２代忠真と結婚していて、両氏は姻戚関係にあります。

この頃までは、在地領主としての郡司である谷山氏の勢力が強かったといえます。

島津氏は、実質的には４代忠宗から、薩摩に来て、勢力を伸ばしていきます。

島津氏で、初代忠久の後、谷山郡を治めていくのは、分家の山田氏です。

山田氏は、島津氏２代忠時の子忠継を初代とし、その子忠真が２代ですが、忠真が１２７２年に谷山郡の地頭職となりました。山田氏という名字は、谷山郡山田村からきています。

そのため、この後は、谷山氏と山田氏の対立ということで、述べていきます。

山田氏は、２代忠真の後、３人の子がそれぞれ、谷山郡の地頭職、谷山郡内の山田村・上別府村

（今の五ヶ別府付近）の地頭職、谷山郡内の宇宿村（宇宿村は、元々は谷山郡です。59ページ参照）の地頭職を継ぎます。山田村・上別府村の地頭職を継いだ宗久を3代とし、その子の忠能（忠純）が4代となりました。

谷山氏は、前述（32ページ参照）したように、島津忠久と同時代の谷山信忠を初代とし、以下、2代忠光、3代忠能、4代資忠、5代隆信、6代忠高と続きます。

山田氏が薩摩外からの権力者なのに対し、谷山氏は地元の開発領主としての対立です。

このような中で、特に、山田氏の3代宗久・4代忠能（忠純）と、谷山氏の4代資忠・5代隆信との間で、郡内の山田村・上別府村をめぐっての激しい所領争いがおこるのです。

但し、当初の所領争いというのは、実際に戦《いくさ》をしたわけではありません。鎌倉時代の頃は、自分たちの考え・主張を認めてもらうために、幕府に訴えた（裁判・訴訟）のです。

その後、鎌倉幕府の滅亡、建武の新政を経て、南北朝時代になり、北朝側と南朝側とに分かれるに至り、武力衝突となりました。

両氏の最初の訴訟は、1279年です。その後、1300年まで絶えることなく続くのです。争いの項目は41項目にもなり、この種の訴訟としては例がない程、多岐にわたっています。

また、この頃は元寇《げんこう》（１２７４年と１２８１年）の頃で、御家人としては財政的にも苦しい時であり、両氏は、妥協もしています。１３０２年から18ヶ年に限って、地頭職を谷山氏に譲っています。１２８１年の弘安の役には、谷山資忠は島津氏とともに、従軍もしていました。しかし、谷山資忠は18年経っても地頭職を返さなかったので、１３２２年、山田宗久は鎮西探題《ちんぜいたんだい》（九州を治める幕府の役所）に訴えています。

その後、１３２５年には、両氏は和解しています。

なお、この時代を中心として、山田氏が残した史料は、「山田文書《もんじょ》」と呼ばれ、貴重な研究資料となっています。

《山田文書（一部）》

鎌倉時代の大きな事件である元寇について。幕府は、対策として、博多湾沿岸に、上陸阻止のため石築地《いしついじ》を築かせました。原材料は近辺から調達しましたが、経費は九州諸国の負担でした。最初の負担の記録はありませんが、１２９３年の修理の際の負担は、谷山郡は７丈（約21ｍ）となっています。誰がどれだけ負担したかはわかっていません。

谷山氏と山田氏の論争は、最終的には、一応政治的にも、法制的にも谷山氏の敗北となって終わりますが、谷山氏がその結論にあまり従わないまま、鎌倉幕府は滅亡しています。

両氏の対立は、そのまま南北朝時代へと続きます。

なお、南北朝時代においては、島津氏が北朝方の中心であり、島津氏の勢力拡大も伴うため、谷山氏（南朝方）は、単に島津一族の山田氏というよりも、島津氏そのものと相対することになります。

ここで、波之平刀匠遺跡（東谷山）について。

古い記録によれば、今から１０００年程前に、大和国（今の奈良県）の刀匠で、橋口正国という人が谷山に来て刀剣をつくり、以後明治初期まで64代にわたって刀剣を製作してきました。

波之平の名称の由来については、正国が瀬戸内海を航行中、暴風雨となり危険になった時、刀を海神に捧げ、安全を祈ったところ、暴風雨が止み、波が平らになったからと伝えられています。

なぜ、谷山で刀剣を作ったかについては、次の３点です。

① 良質の砂鉄が豊富にあったこと（砂鉄は、薩摩の全

波之平刀匠遺跡

海岸から産出します)。
② この土地の水が刀を鍛えるのに適していたこと。
③ 山が近く、刀剣を鍛える木炭が得られたこと。

現存する波之平最古のものは、猿投《さなげ》神社(愛知県)にある、国宝の二字銘行安《ゆきやす》(2代目)の太刀です。

波之平中興の祖といわれるのが、56代刀匠安張(寿庵)です。安張は、16世紀末の豊臣秀吉の朝鮮出兵にも、島津義弘に従い出兵し、現地で数百本の刀を作りました。その後は、坂之上に居住し、東谷山には長男安行を住まわせました。そのため、波之平は、嫡家と本家の2つの系統に分かれました。

「笹貫」という地名について。3代目行安(相州正宗と優劣つけがたいといわれた名匠)の時、作刀の切先に枝から落ちた笹葉が刺さったところから、名刀「笹貫」と称され、その故事の地も笹貫となりました。

なお、作家松本清張の小説「西郷札」にも、波之平の刀は出てきます。

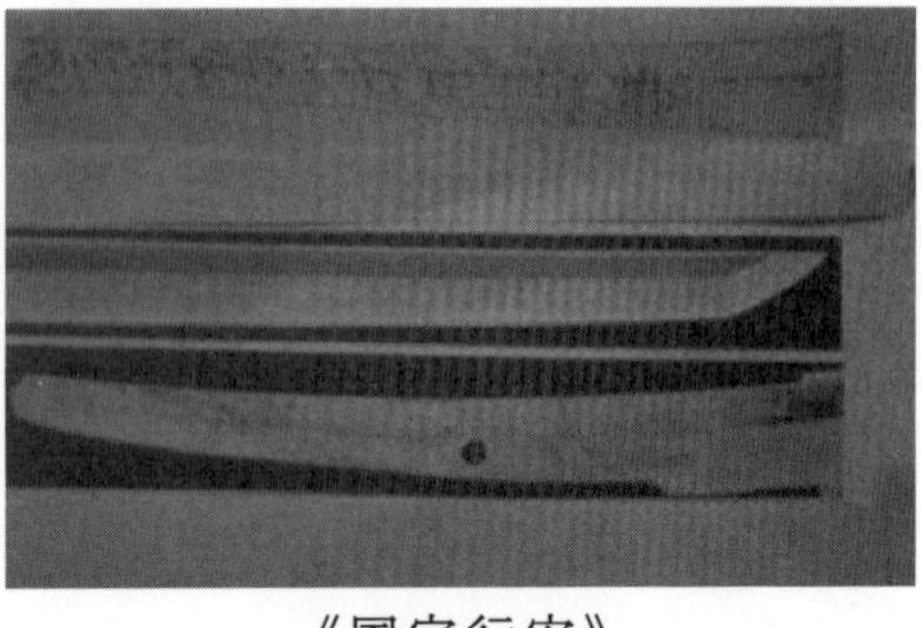

《国宝行安》

寿庵記念碑

また、三條小鍛冶《こかじ》宗近の遺跡（五ヶ別府町三重野《みしげの》）もあります。宗近は、９７９年に京都で罪を犯し、薩摩へ流されました。

薩摩で正国の弟子となり、９８９年に赦《ゆる》されて、京都の白川に戻った後、有名な刀匠になりました。遺跡の場所は、山手になりますが、木炭を得やすかったためといわれます。

〔三條宗近遺跡〕

最後に清泉寺跡（下福元町草野）について。

清泉寺は、飛鳥時代（約１３００年前）、百済《くだら》（韓国）の名僧、日羅《にちら》上人《しょうにん》が開いたとされ、本尊の高さ２・７ｍの「摩崖仏　阿弥陀如来像」も日羅作と伝えられています。本尊の横には、六朝《りくちょう》（中国の３～６世紀の時代）体の書体で「南無阿弥陀仏」と書かれています。この隣には、建長三年（１２５１年）と刻まれた小さな摩崖仏（県内最古）もあります。

その後、室町時代に、川辺の宝福寺の末寺となり、応永年間（１３９４～１４２７）に、覚卍《かくまんじ》和尚（伊集院の人　１４３１年没　81歳）が再興しました。

阿弥陀如来像（本尊）

奥まった岩壁に、島津忠良（日新斎）夫妻を供養する在家菩薩と妙有大姉、貞享元（１６８４）年の銘のある阿吽《あうん》の金剛力士の摩崖仏も残されています。前者は、忠良夫妻が覚卍和尚に師事し、その尊崇の念が厚かったため、死後、供養のため彫られたといわれています。

また、清泉寺は、垂水新城の領主島津大和守久章が、１６４５年に自害した場所で、大きな五輪塔の久章の墓と家臣の墓碑もあります。久章は、１６１６年、島津一門である垂水島津家に生まれ、21歳の時、新城島津家を創建します。文武両道の人物とされます。24歳で大役を受け、江戸に行きますが、紀州家に無礼があったということで、帰国後、川辺の宝福寺に5年程閉じ込められました。その後、清泉寺に移され、上意討ちのため自害しました。30歳でした。

死後、１７０１年に新城島津家が五輪塔（上から順に、空輪・風輪・火輪・水輪・地輪を表します）の墓を建立しました。この五輪塔は、県下で最大です。

在家菩薩像

島津久章墓

現在は近くに水源地もありますが、寺跡一帯はうっそうとした樹木におおわれ、岩間から清水がわき出し、「清泉」という名にふさわしい場所です。

清泉寺石垣跡

第4章　南北朝時代～安土・桃山時代

　1333年、鎌倉幕府の滅亡とともに、5代島津貞久は、足利尊氏の要請を受け、幕府方の鎮西探題（熊本）を攻撃しています。この時は、山田宗久も谷山氏も従軍しています。谷山氏は、その功によって肥後国葦北庄に所領を与えられています。

　このような結果、島津貞久は、新たに大隅・日向国の守護になります。山田宗久は、山田・上別府両村の支配を認められ、1334年には、谷山資忠は、山田・上別府両村の地頭職を山田宗久に返すことを命じられています。谷山資忠は、この年、失意のうちに亡くなっています。

　中央では、鎌倉幕府の後に、後醍醐天皇による「建武の新政」が行われますが、公家と武家の対立などもあり、足利尊氏の離反により、北朝と南朝に分かれ、南北朝時代となります。

　薩摩においては、島津氏は北朝方となりました。南朝方になったのは、肝付氏や谷山氏など以前からの開発領主や、島津氏内で対立していた鮫島氏や伊集院氏などです。

このような中で、１３３７年に、南朝方は、勢力拡大のため、三条泰季《やすすえ》を薩摩に派遣しました。薩摩半島南部は、南朝方とみられていました。これにより、南朝方の味方がさらに多くなり、資忠の後を継いだ谷山隆信も南朝方につきました。

谷山隆信は、山田氏（島津氏）と対立を続け、本拠地の谷山だけでなく、大隅や北薩・南薩で活動します。阿多郡高橋松原口の合戦や橘木城（国分）の合戦に参加しますが、碇山城（川内）や淵上城（入来）での敗北後は、谷山に戻ります。

さらに、１３４２年には、南朝方で後醍醐天皇の第９皇子の懐良《かねよし》（または「かねなが」とも）親王が薩摩に入りました。

懐良親王は、１３３６年に征西将軍に任命（８歳）されました。４年後に豊後（大分県）か日向に到達し、その２年後に薩摩の山川に上陸します。懐良親王は、近畿を出発する際、軍を率いていたわけではなく、訪問先で味方を募り勢力を強

《谷山隆信》

《懐良親王》

める、という対応だったため、それだけ苦労も多かったのです。

なお、２人の肖像画は、後世描かれたものです。当時の日本には、肖像画の習慣はありませんでした。

山川から谷山城に入りますが、懐良親王の薩摩入り（14歳）は、南九州の軍事情勢に大きな影響を与えます。１３４２年の８月には、島津氏が谷山城を攻撃したのを最初として、両派の間で戦いがおこり、動乱は本格化したのです。

親王は、御所近くに国土の平安を祈って皇立寺《こうりゅうじ》（現在はありません）を、さらに戦勝を期して諏訪神社を建てました。

なお、懐良親王の薩摩入りは、本来の目的地である肥後（熊本）入りがうまくいかなかったため、という一面もあります。肥後には有力な一族の阿蘇氏や菊池氏がいたのです。

諏訪神社

谷山城外観

谷山城について。別名、千々輪《ちぢわ》城・本城・愛宕《あたご》城とも呼ばれます。1203年、谷山氏の初代信忠が谷山郡司職となって以来、代々谷山氏の居城として200年の長きにわたり、その根拠地となりました。城内は、本城・弓場《ゆんば》城・陣之尾城の3区からなります。3区は、空堀《からほり》や浸食谷によって仕切られ、高さ50mの地形です。

本城は、上下2段からなります。上段は東西40m、南北20mの方形台地で、東・北・西の3面の崖縁には土塁（高さ1・5m、幅2m）の跡があり、守護神の「勝軍地蔵《しょうぐんじぞう》」を祀《まつ》る愛宕神社があります。下段には伊勢神社が祀られています。

現在の愛宕神社周辺は樹木に覆われ、はっきりと周囲を見渡すことはできませんが、東北方面には、波ノ平城跡（城のみ「波之平」ではなく「波ノ平」と記述します）、そして後方の高台に大学病院が見えます。

懐良親王が山川に着くと、谷山隆信は親王を谷山城に迎えて、見寄原《みよりがはら》に行館《ぎょうかん》（滞在中の仮住居）を建てて、御所としました。見寄原（御所

愛宕神社

谷山城からの東北方面

ができたため、御所原《ごしょがはら》ともいいます）は、南北１２０ｍ、東西１８０ｍの高原で、前方一帯は海に臨み、３面は絶壁に囲まれた要塞堅固な城です。東北方面には、波ノ平城（現在の希望ヶ丘団地一帯で、この一帯は団地ができる前は「城ヶ原《じょうがはら》」と呼ばれていました）や敵陣があった紫原の台地がありました（１３８ページの航空写真参照、写真下方に楕円の屋根の南部斎場がありますが、ここに御所がありました）。

御所原記念碑

親王の令旨《りょうじ》（命令書のこと）は各地にもたらされました。御所原を囲む南・北・西部の各領主（喜入氏・知覧氏・川辺氏・別府氏）が御所原に参集し、御所原を守る形となり、北朝方の５代島津貞久と対立しました。

親王の谷山滞在は、５年半にも及びましたが、その間、紫原、青屋松原、牛掛、笹貫、波之平等、各地で激しい戦いが続きました。谷山軍は、牛の角に松明《たいまつ》をつけ、海岸に陣取っていた島津軍に突入させたこともあったともいわれています。

懐良親王と谷山隆信との間には、じゃんぼ餅の逸話も残されています。

隆信が親王を御馳走しようとして、餅をつき小さくちぎって焼き、その上に味噌と黒砂糖をたいて、どろどろにした「たれ」をまぶし、食べやすいようにその餅に短い竹の棒を2本さして差し上げた。親王は喜んで名前を聞いたが、困った隆信は、2本の棒がさしてあるので「両棒《じゃんぼ》」と答えたということです。

じゃんぼ餅

その後、懐良親王は、肥後の形勢が悪かったため、肥後・筑後（福岡）へと移ります（18歳）が、その翌年、中央（近畿）では南朝方は決定的な敗北（南朝の根拠地であった吉野行宮が焼き払われ、後村上天皇は紀伊（和歌山）へ避難）をしています。

親王は、肥後の菊池氏に支えられ、戦いを続けますが、筑後の矢部で55歳で亡くなっています。

親王が肥後に去ってからも、三条泰季は谷山に残り、谷山氏などの南朝方と島津氏の対立は続きますが、近畿で南朝方が決定的な敗北をしたり、島津氏の勢力が強くなったりして、北朝方が有利となります。

谷山氏についても、その後の詳しい資料は残されていません。

１３９７年、谷山氏は、７代島津元久に追われ、谷山城を退去しています（「谷山諸記」）。１４００年、島津元久は、谷山氏の所領だった谷山郡30町を没収し、島津一族の伊作氏に与えています。

これ以降、谷山氏が歴史の表舞台に登場することはなくなりましたが、谷山氏について、１件ふれておきます。奥龍藏権現《おくりゅうぞうごんげん》です。谷山隆信の曾孫忠重は、奥龍藏権現（東谷山小入口付近）の地１５０町歩を領して、奥氏を名のりました。忠重から10代目の忠清が刀工となり、子孫の元平、元武、元安の３兄弟は薩摩新刀の名鍛冶《かじ》師といわれました。

ここで、見寄板碑群《みよりがいたびぐん》、伝谷山隆信の墓、皇徳寺《こうとくじ》について。

見寄板碑群は、４基あり、最大のものは高さ１５８㎝、幅40㎝の安山岩で、他の３基は、高さ40～75㎝ほど、幅20㎝前後の軽石製です。軽石製は珍しいです。４基とも３面塔婆《とうば》（納骨や供養のため仏跡、霊地を表すため建てられた高い建造物）で、大日如来《だいにちにょらい》、阿弥陀如来、薬

奥龍藏権現

見寄板碑群

師如来を表す梵字《ぼんじ》（古代インドのサンスクリット語）が刻まれています。南北朝時代の建立であり、この時代の戦死者の供養塔と推定されますが、南九州における大日如来信仰（4基の梵字は大日如来に関する梵字が最も多い）を示す、貴重な遺品と考えられています。

伝谷山隆信の墓は、高さ1・7mの石祠《せきし》（神を祭る石づくりの小さな社《やしろ》）の中に、高さ1m、幅28㎝の板碑が入っていて、阿弥陀如来の梵字が刻んであります。石祠は延宝六年（1678年）に建立されているので、谷山隆信の時代とは300年ほどの差がありますが、板碑は南北朝時代と推定されています。隆信の供養として建立（願主、建立者、作者もわかっていません）したものと考えられます。

現在は、保存のために屋根をつけ、周囲をフェンスで囲ってあります。

皇徳寺《こうとくじ》について。現在は大きな団地ができたので一般的になりましたが、元々は皇徳寺というお寺がありました。

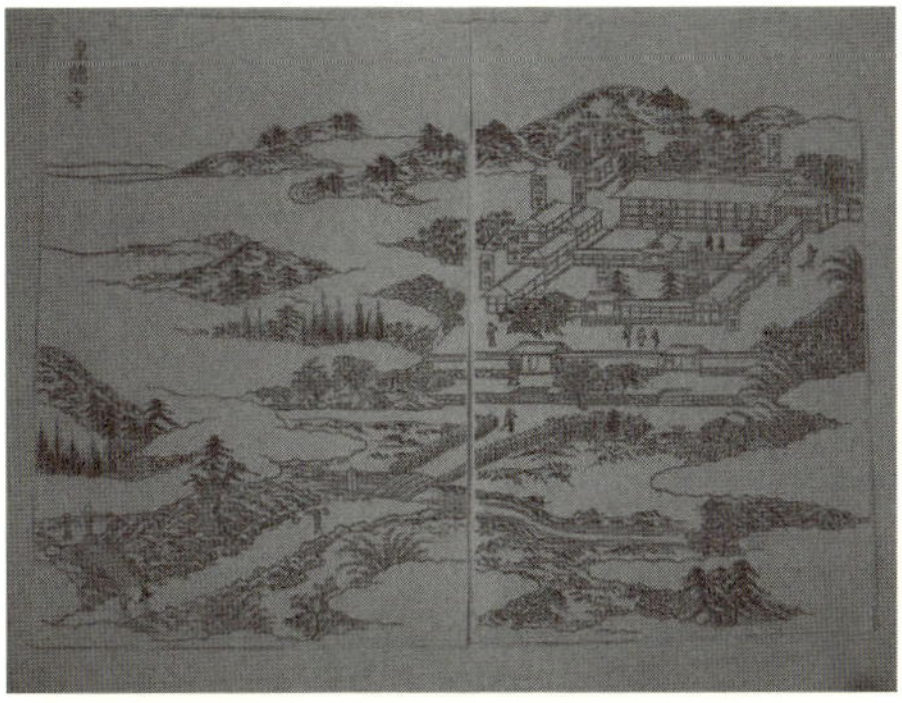

皇徳寺（三国名勝図会）

【伝谷山隆信の墓】

皇徳寺は、１３６６年、谷山忠高が建てたもので、開祖は無外円照和尚《むがいえんしょう》です。能登国（石川県）総持寺の末寺で、本尊は釈迦如来です。懐良親王の位牌が安置（当初は皇立寺）されました。七堂伽藍《がらん》（７つの建物がそろっている寺院の構え）の備わった大きな寺で、多くの信者や名僧がいました。寺領１００石で、谷山では最も石高の高い寺でした。明治２年の廃仏毀釈で、廃寺となりました。

17代島津義弘の子久保《ひさやす》に殉死した山本親匡《ちかまさ》の墓石（高さ２・８ｍの六地蔵塔）もあります。六地蔵塔は、６人の地蔵（一般的にはお地蔵様）が、６つの世界（地獄、餓鬼《がき》、畜生《ちくしょう》、修羅《しゅら》、人間、天上道）をそれぞれ守りながら、民衆を救うという思想に基づいています。谷山地区では最も大きいものです。

なお、周辺には、皇徳寺と関連して、下馬先、寺屋敷、西玉田（寺の水田のこと）などの地名も残っています。

このようにして、おおよそ１４００年頃には、谷山は島津氏の支配下に入ります。

皇徳寺(供養塔)

山本親匡墓

その後、島津氏の薩摩支配が続きますが、今度は、島津一族同士での権力争いとなります。例えば、１４１７年には、伊集院頼久が、９代島津久豊との合戦に勝ち、谷山城に入っています（後、頼久降伏）。谷山郷の領主も何度か変わります。

その過程で、再度、谷山（城）が表舞台に出てきます。

戦国の時代が続く中で、14代島津勝久は、１５２６年、自分の跡継ぎとして一族である伊作家の島津忠良（日新斎）の子を養子とします。これが15代島津貴久です。この時13歳です。

また、この年には、伊集院と谷山が、軍功により島津忠良の所領となっています。

跡継ぎ問題に反対したのが、出水郡の領主で、勝久の妻の弟であった島津実久です。

当初は、実久が優勢でした。１５２７年には、谷山を攻めて、谷山城に陣を構え、苦辛城《くらら》（詳しい発掘調査が行われ、中世山城の様子がよくわかります）を平田宗秀に守らせたり、１５３５年には、谷山で

【苦辛城（発掘調査時）】

戦い、敗れた貴久を帖佐に逃亡させたりしています。

実久は、谷山、川辺、加世田も領していましたが、その後、一進一退を繰り返します。

実久と忠良・貴久父子との勢力関係は、1539年頃から変わってきます。

1538年から翌年にかけて、貴久は実久の南薩の拠点であった加世田城を攻め落とし、その後、紫原でも勝利し、決着しました。同時に、苦辛城の平田宗秀を降伏させたり、玉林城（伊佐知佐神社の場所にありました）も攻め滅ぼしたりしています。

玉林城址碑

饅頭石《まんじゆういし》（五ヶ別府町）の言い伝えもあります。この石は自然石で、周囲13m、高さ1・5m、上の方に円形の凹所があって、その直径は20㎝ぐらいです。15代貴久が、田布施城に行く途中で、ここに立ち寄り、凹所の水で髪の乱れを直したと伝えられています。

1550年、貴久は、伊集院から鹿児島に戻り、内城（今の大竜小）に居城を構えました。

〔饅頭石〕

実久は、その後川辺に退き、さらに出水に退去しています。

なお、実久の家臣に「谷山駿河守」という人がいますが、前述の谷山氏との関係については、不明です。


島津氏は、１５７０年、薩摩国を平定します。その後、15代貴久の後を継いだ16代義久になって、１５７７年、薩摩・大隅・日向の三州統一を成し遂げました。

豊臣秀吉

伝伊集院小伝次の墓（中山滝ノ下）について。

ようやく三州統一を成し遂げた島津氏ですが、一族同士の最後の大きな争いとなったのが、荘内の乱です。荘内とは都城のことです。

豊臣秀吉の時代となって、太閤検地が行われます。薩摩でも行われますが、検地により、伊集院忠棟が荘内８万石の大領主となります。島津義久や弟の義弘でさえも10万石でした。これに反発した島津忠恒（後の18代家久）が、１５９９年、京都で伊集院忠棟を手討ちにします。父を殺さ

伝小伝次の墓

れた伊集院忠真は、荘内で抵抗を続け、約1年近くの内乱となるのです。内乱は、徳川家康の仲介で治まりますが、1602年、家久は忠真を暗殺した後、3人の弟、二男の小伝次は隼人（富隈城跡に墓がある）で、三郎五郎、千次郎の2人は中山滝ノ下で暗殺します。2人とその母の3人は、阿多に閉じ込められていましたが、2人を鹿児島に呼び出し、その途中で暗殺したのです。

以前は2名の居士名が確認されており、弟2人の墓と考えられています。3段の大きな台石に、高さ1・8mの竿石が立った墓です。

慈眼寺《じげんじ》について。

慈眼寺は、清泉寺と同じように、日羅上人（39ページ参照）によって開かれたとされています。日羅上人のつくった聖観音像が、安置されていたといわれています。

その後、応永年間（1394～1428）に、8代島津久豊によって再興（再興されたのも清泉寺と同じ頃です。39ページ参照）され、さらに1542年、15代貴久が造営しました。福昌寺（島津家菩提寺）

慈眼寺（三国名勝図会）

稲荷神社

の代賢《だいけん》和尚が開山して、福昌寺の末寺となり、曹洞宗の寺として栄えました。以来、島津氏の尊崇厚く、特に18代家久は、死後「慈眼院」とおくり名をされたほどです。

坊津の一乗院、志布志の宝満寺とともに、薩摩の三ヵ寺の1つといわれる名刹《めいさつ》でした。明治2年の廃仏毀釈によって、観音堂は取り壊されましたが、その後、稲荷神社が建てられました。摩崖碑や仁王像などは残り、また、昭和49年には、「名勝」として鹿児島市の指定文化財に指定されています。

1838年に、江戸の講釈師の伊東凌舎《りょうしゃ》が、「鹿児島ぶり」という本（ぶりを漢字では風流《ぶり》としています）を書いています。1835年に27代斉興《なりおき》の参勤交代のお供で来鹿し、薩摩のことを紹介した紀行文です。その中に、慈眼寺のそうめん流しも出てきます。「観音の堂を石上に作りかけ、石の間を面白く水の流、夏はそうめん流しとて、水上よりそうめんを流し、下にてすくひ喰。」とあります。また、「五文《ごもん》餅」（「文」

大雲白峯和尚の墓

慈眼寺のそうめん流し（鹿児島ぶり）

とはお金の単位　お金のないことを「一文無し」ともいいますね）として、じゃんぼ餅も出てきます（両方とも挿絵があります）。

その他、「鹿児島ぶり」の谷山関係は、次のとおりです。

○　鹿児島城下に植木屋はいない、庭作りはいるので、植木を吉野や谷山辺から売りに来る。

○　秀頼伝説と谷山との関係（29ページ参照）。

○　１８３６年、お供で薩摩半島をまわりますが、5月29日「谷山中村帝釈寺《たいしやくじ》にて中食《ちゅうじき》致候。此所、大瀧、小瀧と申たき有。」伊作へ山越えした。中村（中山滝ノ下）の帝釈寺（現在はありません）で昼食を食べた。ここには２つの滝があった。旧伊作街道（60ページ参照）を通った。その後、南薩をまわって６月15日には、喜入から谷山に着き宿泊。谷山で「はだか馬乗、子供踊りあり」としています。

「鹿児島ぶり」には、風景の挿絵も多く、出版後、その挿絵をもとに、多くの浮世絵も描かれています。

下図は、薩摩半島が下方に描かれています。

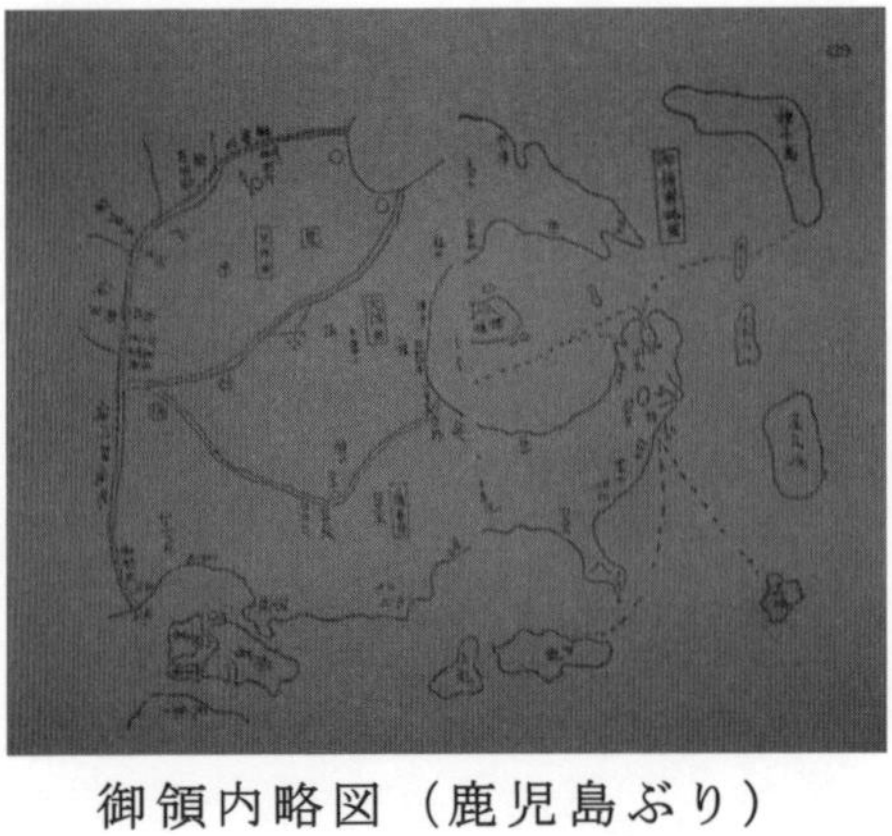

御領内略図（鹿児島ぶり）

第５章　江戸時代

１６００年の関ヶ原の戦いで、敗れた方の西軍だった島津氏は窮地に追い込まれますが、１６０２年には所領を安堵され、徳川氏との間に主従関係を結びます。

１６０３年に江戸幕府が開かれると、18代家久（家康の一字をもらい、忠恒から家久に改名）は、初代薩摩藩主となります。

１６０９年には、島津氏は幕府の許可を得て、琉球王国を支配下に治めます。

徳川家康

ここに、島津氏は、薩摩・大隅・日向国諸県《もろかた》郡60万５０００石余と琉球12万３７００石の計72万８０００石《こく》余（１石＝米２俵半、約１５０kg）を支配する大名となりました。

『元禄薩摩國絵図』（次ページ）について。

江戸幕府の命令で、薩摩藩が１７０２年に作ったものです。１里（約４km）を６寸（約18cm）とする縮尺（約2万1600分の1）で、畳20枚ほど（縦7・81m×横4・14m）の大きなもので、国立公文書館に保存されています。

谷山地区（次ページ）を詳しく見てみましょう。

元禄薩摩國絵図（国立公文書館）

周りの黒線が郡境です。大きく黒字で、「谿山郡」と「高壱萬《まん》五千四拾七石《こく》八斗《と》九升《しょう》五合《ごう》五勺《しゃく》」と書かれています。谷山郡全体で、1万5047石余です。村毎の石高も示され（わかりやすいように数字表記にします）、福本村（8543石余）、和田村（591石余）、中村（2486石余）、山田村（1407石余）、五箇別府村（489石余）、宇宿村（1530石余）となっています。中村とは今の中山町（109ページ参照）です。

他に、村については、「福本村之内　谷山村」「和田村之内　平川村」とあります。「谷山村」については、今の市街地付近が少しずつ発展していたためでしょうし、「平川村」については、和田村から遠距離にあったことが関係するのでしょう。

なお、宇宿村については、明治4（1871）年に鹿児島郡に編入されましたが、それまでは谷山郡の一部でした。宇宿村は、鹿児島に近く、鹿児島城下の「近在の村」とみなされたことから、鹿児島郡に入ったのでしょう。

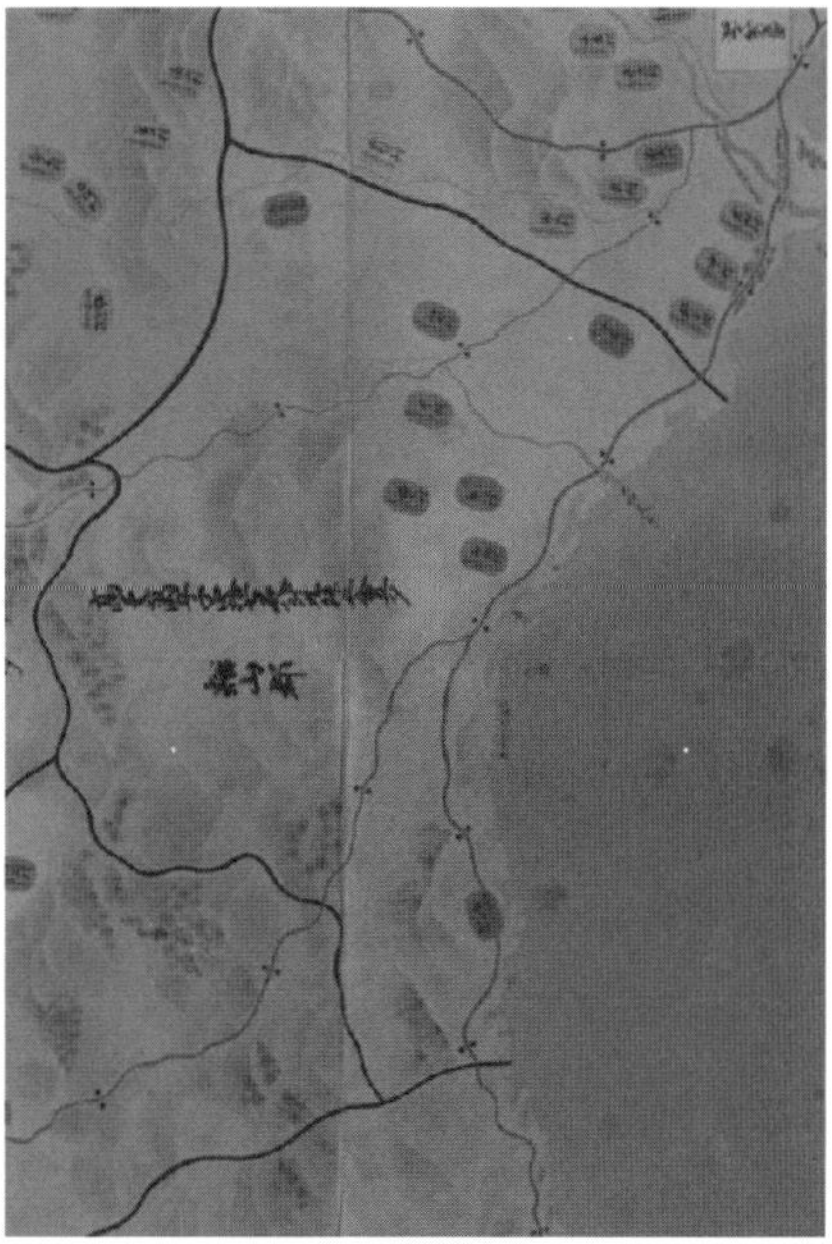

谷山郡拡大図

4本の赤い線は、道路です。海岸に近い方から、山川路、川辺街道、伊作街道、松元春山への道です。道に沿って黒い印がありますが、黒印の間が1里（約4㎞）です。

今の道路とは、通り道が少し違っていますね。

他に書かれている文字としては、「七ッ嶋」、七ツ島と海岸との距離を示す「此間《この》汀《なぎさ》より壱町（約108m）」、七ツ島近くに「古城跡」、永田川河口に「大船（船の異体字）出入なし」、永田川に橋が架けられていないため「歩渡り」となっています。

橋については、幕末に近い1840年頃に、永田橋、潮見橋、木ノ下橋が架けられています。

江戸前期の谷山の様子がよくわかりますが、他の地域に比べると、記述そのものは少ない方です。

1800年の資料（ちょっとややこしいですが、70年ぐらい前の資料を、1800年に写したという資料）では、谷山郡は、村が平川村、塩屋村、下福元村、山田村、宇宿村、和田村、中村、上福元村、五ケ別府《ごかんびゅう》村（ふりがながつけてあります）で、一字下げて、松崎町、和田浜、平川浦となっています。郡全体で1万2610石余、郷士高が1880石余となっています。

旧伊作街道

薩摩藩の領内支配の特徴的なものとして、外城《とじょう》制度と門割《かどわり》制度があります。

外城制度について。

豊臣政権前にほぼ九州を統一していた島津氏は、武士も多くいましたが、領地がおおよそ薩摩・大隅になってもあまり武士を減らさなかったこともあり、薩摩藩領内の4分の1は士族階級でした。明治4（1871）年の調査でも、全国平均は5〜6％なのに対し、鹿児島の士族は26％でした。

これほど多くの武士を鹿児島城下に住まわせることは不可能で、藩は、琉球国をのぞく領内を、113（江戸初期には若干の変動があった）の外城という行政区画に分けました。そこに外城衆中《しゅじゅう》とよばれた武士を配置して、地方行政と防衛の任にあたらせました。外城とは、特定の城ではなく、区域の総称です。

1つの外城は数ヵ村からなり、中心となる村に武士集落の「麓《ふもと》」がありました。その周辺の農業地は「在《ざい》」、商業地は「野町《のまち》」、漁業・水産業を生業《なりわい》とする浦人が住む「浦《うら》」がある場合もありました。

この制度は、前の時代の地頭・衆中制の流れをくむもので、有事の際には、地頭（または私領主）が外城衆中を率いることになっていました。

外城には、藩直轄の地頭所と、島津一族の一門・一所持《いっしょもち》が支配する地域（私領地）とがありました。前者は92外城、後者が21外城です。

したがって、薩摩藩の武士は、鹿児島に住む鹿児島衆中（城下士）、地頭所に住む外城衆中（郷士）、私領地に住む家中士（郷士）に3分類できます。

城下士は約4300人、平均石高は78石余、外城衆中は約2万3300人、同4石7斗余、家中士は約1万1００人、同4石余、という記録があります。

この中で、谷山郡は、３３９人で、１４０7石です。平均すると、3石5斗余ですね。

全般的に、江戸時代の谷山地区は、鹿児島城下のすぐ南にあるとはいっても、郡部の農村漁村であり、南北朝時代のような、他地域にはない、谷山地区だけの特徴的な歴史がそれほどあるわけではありません。

外城の行政・軍事を司る地頭（私領主）は、当初は赴任していましたが、寛永年間（１６２４〜44）以降は、ふだんは鹿児島におり、在職中に1回行くだけの掛持《かけもち》地頭となりました。

谷山郡は、藩直轄地の1つで、地頭の支配を受けました。「諸郷地頭系図」（伊地知季安著 24ページ参照）では、谷山郡の地頭は、江戸時代では、伊勢貞昌から島津久福まで35人です。35人中11人が島津姓で、身分の高い家臣がなっています。

そのため、外城の実質的な支配は、噯《あつかい》・組頭《くみがしら》・横目《よこめ》の所3役が行いました。噯は外城の最高職で、複数の外城衆中が任命され、合議制により外城全般を治めました。組頭は、数組に編成された外城衆中の頭役で、衆中の指導や警備にあたりました。横目は警察・訴訟・検察を担当しました。

所3役の下には、書役・郡見廻《こおりみまわり》・牧司《ぼくし》・庄屋・浦役・別当などの役人がいて、すべて外城衆中がなりました。一般的に他藩では、庄屋は農民層でしたが、これらも衆中で、農民や町人は厳重な監視下に置かれました。

なお、1784年には外城が郷《ごう》と、1790年には外城衆中が郷士《ごうし》と改称され、曖も郷士年寄とよばれました。

下の屋敷図は、郷士年寄を務めた名越家の屋敷ですが、1000坪ほどの広さがありました。

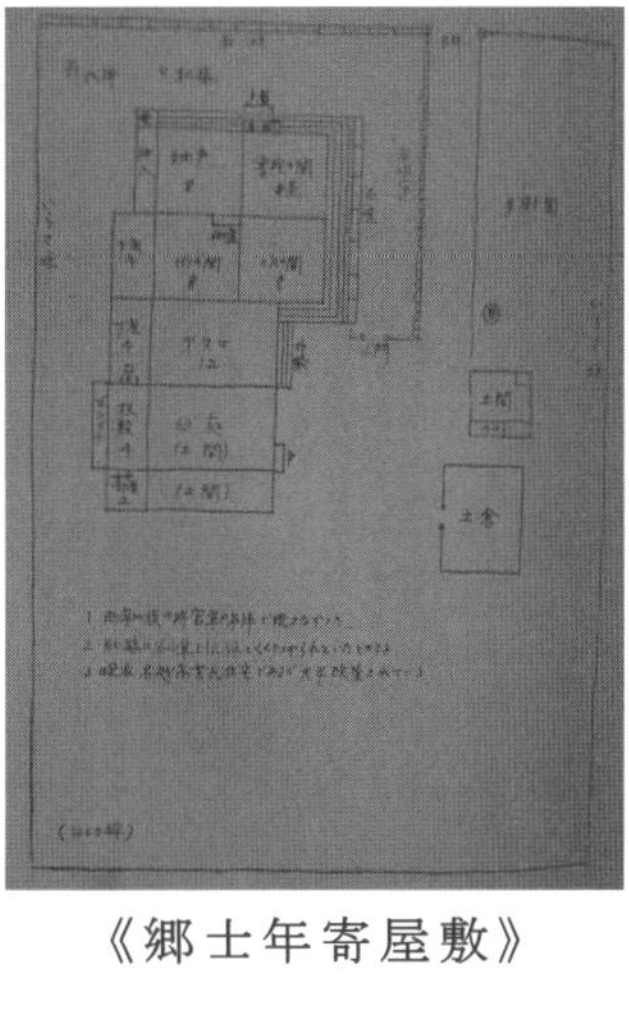

《郷士年寄屋敷》

谷山郡では、上福元麓（谷山小校門東隣）に地頭仮屋《じとうかりや》（郡の役所）が設けられ、所3役や書役、郡見廻《こおりみまわり》などが詰めていました。地頭仮屋の本門の左右は、棟石のある石垣造りで、長さ113・5m、高さ2・12m、他の3面も石垣で囲み、北方に裏門がありました。内部の一隅には、杉、楠、孟宗竹などが茂る築山がありました。上在《かんざい》、下在（在については61ページ参照）、中村、山田、五ヶ別府、和田、平川の農村には庄屋所を置きました。

地頭仮屋跡

また、松崎町には、商業地の関係上、特に会所を設け、部当、横目を置きました。

谷山の地頭仮屋は、交通便利な平地にありました。馬場や小路もありますが、防衛のために、道はT路が多く、見晴らしのよい十字路はつくりませんでした。

下図は、明治中期の松崎町（一部拡大図）ですが、谷山小角の交差点が、道路幅も異なり、道もずれていることがわかります。現代の車社会では不便ですが、意図的につくったのです。

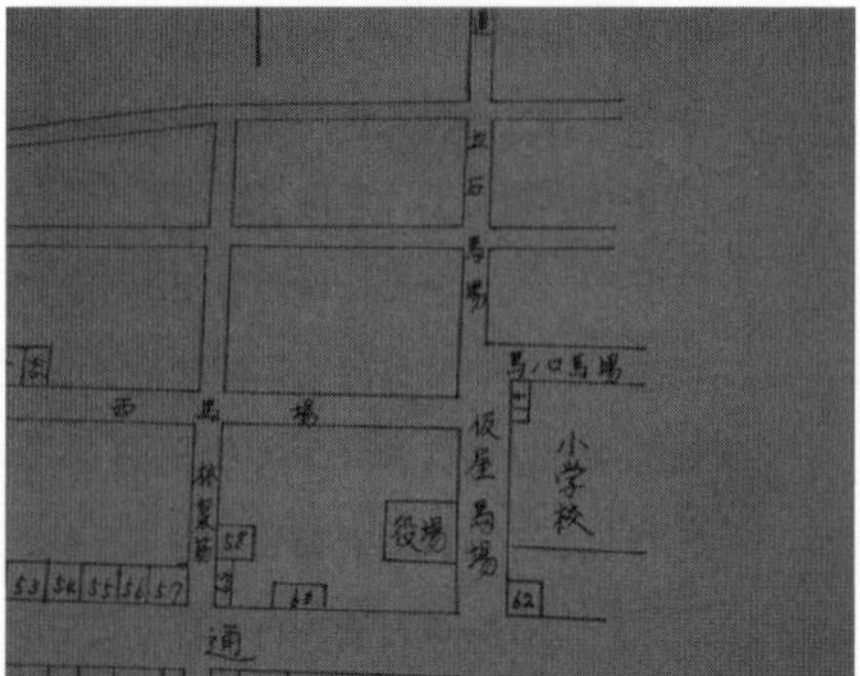

《松崎町一部拡大図》

門割制度について。

門割制度は、薩摩藩独自の農民支配制度です。

１６６４年の史料によれば、琉球国をのぞく領内には６５２の村がありました。薩摩国が２５８、大隅国２３０、日向国諸県郡１６４です。さらに村は方限《ほうぎり》という小村落に分けられていました。

農政のトップが郡奉行《こおりぶぎょう》で、各外城では噯のもと、郡見廻が農政を担いました。各村では、庄屋（武士階級）が農事や農民生活の指導・監督にあたり、各方限では農民階級の名主が庄屋を補佐していました。年貢や夫役《ぶやく》の徴収などの農民支配は、門・屋敷という農業経営体を単位としました。

門……長である名頭《みょうとう》と、名子《なご》という複数の農家から構成される農業経営体
屋敷……名頭単一またはそれに準ずる小規模な農業経営体

郷（郷士年寄）―村（庄屋）―方限（名主）―門・屋敷（名頭）―家部（名子）―家族（用夫）

薩摩藩では、年貢の徴収等を個々の農民ではなく、門・屋敷で掌握するという方法がとられていたのです。

下表は、大正11年の農商務省による調査結果です。

15歳から60歳までの心身ともに健康な男子農民は、用夫《いぶ》とよばれ、重視されました。門が均等になるように、用夫は血縁に関係なく、強制的に配置させられ、耕作地も改めて門単位に割り振られました。

門高はおおむね20～40石が一般的でした。人口が多い西目（薩摩側）は小さく、過疎気味の東目（大隅・諸県側）は大きいでし

村名	門数	高数（石）	一門の高（石）
中村	８２	２５００	３５
上福元村	１０２	３５００	３０
下福元村	８４	２４００	２４
山田村	５３	１５００	不詳
五箇村	８	５００	不詳
和田村	１６	不詳	不詳
平川村	１８	不詳	１６

た。西目から東目への格差是正のための強制移住もありました。
例えば、肝付町高山には「谷山迫」という集落があり、曽於市（旧大隅町）には移住してきた「谷山」姓の集落名、戸数までわかっています。

また、例えば、上福元村の薬師堂方限は、門数が10です。門名は、安庭門、徳永門、堀内門、稲森門などですが、明治になって、全員が名字をつけるようになると、自分の門名をそのまま名字にする人も多いでした。

この時代の農業で、特徴的なのが「田の神様《たのかんさぁ》」です。薩摩藩領内だけにみられる、農民が豊作を祈って作った石像で、その数は１８００以上です。江戸初期からつくられ、制作年のはっきりしている最も古いものは１７０５年です。田の神は、盗まれることを好み、盗んでまつると豊作になるといいます。

谷山地区には33体ほどみつかっています。「山田の田の神」は、１７２３年につくられ、旅僧型の代表作として県の文化財に指定

山田の田の神

滝ノ下の田の神

されています。高さ67㎝、右手に小さな飯杓《めしげ》、左手に細く長い棒を持っています。「滝ノ下の田の神」は、台石が３層で85㎝、田の神様の高さが96㎝、肩幅41㎝、厚さ37㎝で、谷山地区では最大です。市の文化財指定です。「堂園の田の神」は、高さ71㎝の農民型の立像で、羽織姿でその羽織が振れていて、楽しい農民の姿が感じられます。

堂園の田の神

このような薩摩藩の農政でしたが、一般的には八公二民（税率80％）や公役《くやく》は月35日（実際は10日）といわれます。但し、門高は実際より低く査定されていたり、原野を開墾した大山野《おおさんや》や古荒地を再開墾した溝下見掛《みぞしたみかけ》などの所有が認められたりなどの租税軽減策があり、他藩に比べ、著しく負担が重かったわけではないと考えられています。

また、谷山郷は漁村でもありました。谷山松崎町（浦浜）、和田浜、平川浦の３ヶ所です。村の庄屋にあたる浦役の下に、浦浜の一切を取り仕切る弁指《べんさし》がおり、名頭、名子となりました。ある年の記録では、松崎町が１０７６人、和田浜が５８２人、平川浦が７６４人です。

漁業収入に対する一般的な税もありますが、最も特徴的なのは、浦方第一の御奉公といわれた

「水手《かこ》立」（船こぎの労働）です。参勤交代時の船や、江戸・大坂・長崎などへ藩の荷物を届ける船や領内の港回りの船などの水主としての労働がありました。例えば、和田浜では、前者は35人立、後者は38人立となっていました。35人立とは、35人に1人の割合で水主を出すということです。和田浜は582人ですから、35人立（参勤交代）だと16人の水主を出す、ということです。

ちなみに、和田浜では、1861年に、207戸中151戸を焼失するという大火がありました。藩は、網を新調して貸し付けようとしましたが、引き受けるものがいなかった、といわれるほどの被害を受けました。

火事としては、1757年に、町の半分を焼失した大火も起こっています。

さらに、薩摩藩の特徴的な領内支配に、宗教政策としての一向宗の禁止があります。

一向宗が禁止された理由は明確ではありませんが、戦国時代から支配者を悩ませており、島津氏がこのような一向一揆が南九州に波及するのを恐れたためと考えられます。

禁止命令の最も古い史料は、1597年です。厳しい取り締ま

【かくれ念仏の洞穴】

りが江戸時代を通じて行われますが、発覚すれば、死罪、流刑《るけい》、武士の場合は士族剥奪《はくだつ》などの刑が課せられました。

それでも隠れての信仰が続き、1843年には、本尊2000幅と門徒14万人が摘発された、1849年には70余の講（グループ・団体のこと）が発覚したとの史料が残されています。数字に疑問はありますが、一向宗が浸透していた状況が伺えます。

山田町には、かくれ念仏の洞穴《がま》が完全な形態で残っていました（現在は、崖工事が行われ残っていません）。入口幅1m、高さ1・2mで、2m進むと壁に突き当たり、右に曲がると4畳ぐらいの広さで、御本尊を置きました。明かり台の跡もあります。左に曲がると、10mで外に出られますが、隠れ道と考えられます。

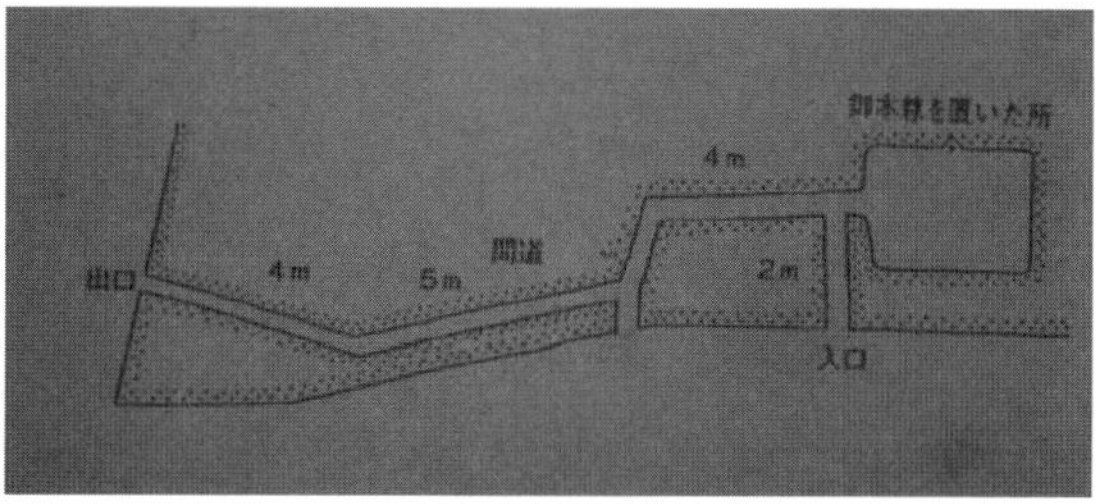

洞穴図

ここで、和田干拓と錫山鉱山について。

和田干拓は、19代光久《みつひさ》の時代に、1658年、総田地奉行の汾陽《かわみなみ》治郎右衛門光東が、藩命により、和田村の海岸を干拓地として開発したのが始まりです。汾陽は、その子盛常とともに、農事指導に精励し、各郷を歩いて開墾干拓に努めた人物です。

和田干拓の面積は約60町歩（ほぼ㌶）で、和田の海岸一帯に及び、後世の和田干拓地とほぼ変わらない広さです。干拓地では５０４石の米がとれましたが、干拓地すべてが水田だったわけではありません。

写真は、当時の石垣（一部）です。

その後の台風等の自然災害によって、一部破壊と修復を繰り返しますが、大正～昭和にかけて、大修理工事が行われました（88ページ参照）。

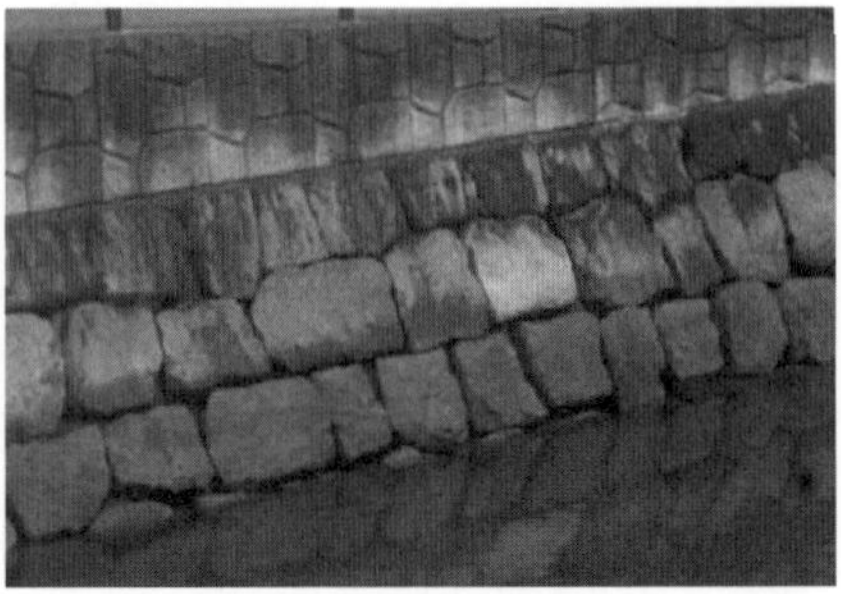
和田干拓石垣

錫山鉱山は、１６５５年に、八木主水佑《もんどのすけ》元信（１６１５～１６７１）が錫鉱を発見したのが始まりです。錫山は、以前は鹿追原《かのうばる》という地名でしたが、錫鉱発見以来、錫山となりました。

当初は、元信が自力で尾張（愛知県）・美濃（岐阜県）から技術者を呼び、多くの困難を乗り越え、実績をあげました。藩には運上銀（鉱山税）を払っていました。この運上銀については、元信時代の17年間については不明ですが、子の宗信の分は、30年間で、銀３００貫（＝金５０００両　通常は金

八木元信の墓

１両＝米１石　１５０kg）となっています。米の価値が現在とは違いますので単純比較はできませんが、米10kg＝４０００円とすると、金１両は６万円となります。５０００両は３億円となります。平均すると、年間１０００万円の税金を払っていたことになります。錫の産出量が多かったことがわかります。２人は、それぞれ藩の勘定奉行、物奉行にもなっています。

１６７７年には、大山祇《おおやまずみ》神社が建立されています。鉱山の神様の大山祇命を神とする神社を、伊予（愛媛県）から招いたものです。

１７０１年には、島津氏は幕府から正式に採掘許可を得て、御物山として、直営としました。錫山、山ヶ野、鹿籠（枕崎）は薩摩の三山（他の２つは金山）といわれ、藩は金山奉行をおいて、業務を掌握させました。

周囲３里７合（約15km）を錫山山中《さんちゅう》といい、山中入口に口屋（関所）をおいて厳重に取り調べました。山中の山師（鉱山夫）は常に１５０人ほどいて、遠くは尾張（愛知県）、美濃（岐阜県）、備後（岡山県）、

大山祇神社

錫鉱発見の地

伊予などから集めて開発しました。山師は士族の待遇が与えられ、問見米《とうみまい》（給金）が支給されました。錫山では米を作ら（せ）なかったので、日置の吹上から持ってきました。

その後、18世紀末には、諸雑費を払うと利益がないといわれる程になりました。

そこで、１８２９年には、生産量を高めるため、但馬（兵庫県）生野の沼田幸兵衛という技術者を招き、錫の溶解方法を、南蛮絞吹《なんばんふぶき》という方法に改めました。また、１８３１年には、同郷の小島利兵衛が火熱が強い、製炭法を伝えました。生産量も増加します。

１８５９年には、「湧上坑《わきあがりこう》」を藩の直営としています。湧上坑は、数年前に山師の山元三九郎が石につまずいて発見したものです。露天掘りで、内部は円形の凹地と、それにつながる洞穴のような坑道（下写真）になっています。

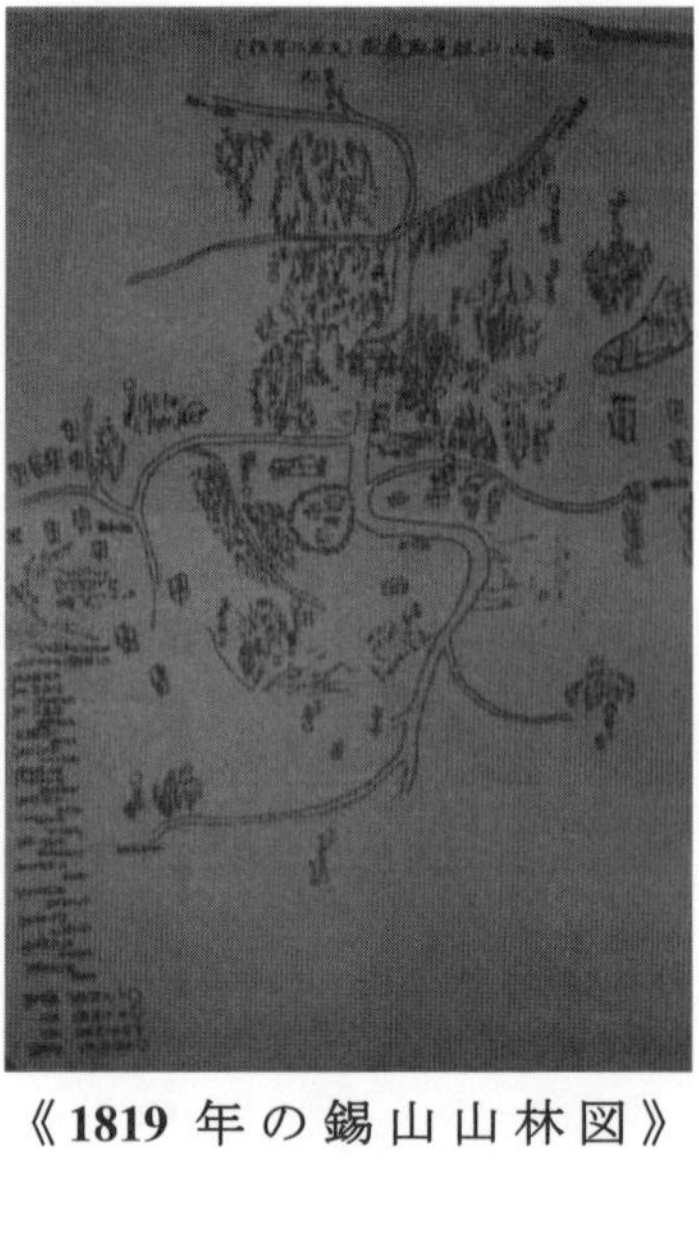
《1819 年の錫山山林図》

湧上坑

金山奉行や書役などがつとめていた役所である手形所もありました。

幕末の頃、幕府の命令もあり、特に産出量が多くなり、「十万斤（1斤＝約600g　60トン）時代」と呼ばれました。1853〜54年の1年5ヶ月で10万斤となりました。「酒宴遊興沙汰《さた》に及ばず」（ぜいたくをしても罰しない）の言葉も残っています。実際は、1年間に、30、40台トンとなっています。この産出量は、おおよそ明治期も続きます。

幕末になると、激動の時代となります。

1846年には、島津斉彬のもと、谷山村中塩屋において洋式砲術の演習（薩摩藩における軍事訓練のさきがけとなった）がありました。現在の「射場山《いばんやま》跡」に大砲を置きましたが、当時は、砂浜地帯でした。大砲を置くために、人工の山を造ったのです。

1858年には、同じく中塩屋に硝石（火薬の原料になる）場を建設しました。その後、1863年頃に、永田川沿いに移転し、

射場山跡

煙硝倉跡碑

煙硝倉（火薬製造所）をつくりました。面積は4町7反歩で、周囲を樹木で囲み、立ち入れないようになっていました。関係の深い火神・水神・山神・稲荷神の祠《ほこら》もありました。この倉は、明治10年の西南戦争で、官軍に焼き払われましたが、すごい火災のため、波之平付近の民家まで焼けました。

「火の河原《こら》」地区について。和田海岸付近や喜入前の浜から砂鉄を運搬し、木炭を利用して粗鉄を精製した場所です。粗鉄は馬に乗せて、磯の集成館に運ばれました。加世田の郷士が、藩の役人として監視していました（159ページ参照）。

1863年には、薩英戦争がありました。この時、イギリス艦隊は、往復とも七ツ島沖に停泊したので、薩摩藩は、草野の丘の上に遠見番所を設けて監視しました。一帯の海岸の松林に兵を集めて上陸に備えましたが、上陸はありませんでした。遠見番所は、平川（野屋敷境谷遠見番所）にもありました。谷山・喜入・知覧3郷の境にあったため「境谷《さけんたい》」とよばれました。

七ッ島（三国名勝図会）

平川の烏帽子嶽《えぼしたけ》神社では、家老小松帯刀の命令により、異賊降伏隠敵退散《いぞくこうふくいんてきたいさん》の祈祷《きとう》も行われました。

なお、七ツ島は、光山海岸沖の7つの島からなり、古くから景勝の地として有名でした。谷山臨海工業地帯の海岸埋立以前は、春は潮干狩り、一口蛸の名産地、夏は海水浴でにぎわっていました。

谷山関係で、「三国名勝図会」（1843年）に絵入りで描かれているのは、七ツ島のほかに、伊佐智佐権現社（15ページ参照）、皇徳寺（49ページ参照）、慈眼寺（54ページ参照）の4ヶ所だけです。

谷山出身の江戸時代の人物として、2人取り上げます。

まず、赤崎海門《あかざきかいもん》（1739～1802）です。江戸中期の儒学者です。少年時代から学問を好み、成長してからは、25代島津重豪《しげひで》に認められ、藩校造士館の教授になります。重豪の子斉宣《なりのぶ》（後の26代当主）

〔光山からの七ッ島〕

【烏帽子岳神社】

の侍講《じこう》（家庭教師のようなもの）となり、江戸（当時は、殿様の妻子は江戸で暮らしていましたね）で教えました。1795年には鹿児島に戻り、再び造士館の教授となりましたが、1800年には、幕府に迎えられ、昌平坂《しょうへいざか》学問所の教官（今でいえば東京大学教授）となりました。墓は、東京にあります。

是枝柳右衛門《これえだりゅうえもん》（1817~1864）について。下松崎生まれ。家が貧しく大隅で暮らしていたが、32歳で谷山に帰り、下松崎で塾を開きました。時代は幕末の動乱期であり、「勤王志士」の著名な1人となります。井伊大老の暗殺を計画し、薩摩を出発しますが、途中で桜田門外の変のことを聞き、残念がります。そのまま京都に行き、中山大納言（明治天皇の外祖父）や右大臣近衛忠熙《このえただひろ》の知遇を得ました。1862年の寺田屋事件（薩摩藩士の同士討ち事件）で捕らえられた後、屋久島に流され、屋久島で亡くなります。

墓は万田ヶ宇都墓地にあり、「勤王　赤心報国大信士」の

赤崎海門誕生地

是枝柳右衛門記念碑

文字があります。

小松原という地名について。現在の小松原公園には、玉里別邸（島津久光の二男忠済《ただなり》の屋敷）がありました。建物は平屋瓦葺《ぶき》60坪でした。建物の周囲約３㌶に小松が植えられました。これが地名の由来です。

海岸埋立以前は、永田川下流の海岸にあって、白砂青松《はくさせいしょう》の景勝地でした。

【昭和30年代の小松原】

小松原公園

是枝柳右衛門墓

第6章　明治時代～昭和42年（合併）以前

新しい世の中、明治時代となります。といってもいきなり人々の生活が変わったわけではありません。ここからは、時系列で調べていきます

「薩隅地理纂考」という本では、明治初年頃は、谷山地区は、松崎町、上福元町、和田塩屋村、中村、山田村、五ヶ別府村、下福元村、平川村の8町村に分かれていました。この頃は松崎地区が商業が盛んだったので、松崎だけ「松崎町」です。人口は2万1817人です。

明治5（1872）年　郡制がしかれ、谷山郷は伊作郡の一部となる。

明治4年の廃藩置県を経て、郡制がしかれました。郡には大体10郷を管轄する郡治所（県内に伊作・加治木など7ヶ所）が置かれました。翌年の8月には谷山は鹿児島や吉田等とともに、県庁の

直接管轄となりました。「郷」を「大区」と呼んだこともありました。

この頃は明治になり、新しい国づくりが始まったばかりで、このような制度は、明治22年に「市制及び町村制」が施行（今日の市町村制の基礎）されるまで次々に変わります。

明治12年には郡区町村編成法ができ、鹿児島県では「郷」を単位としました。鹿児島郡は鹿児島と吉田の2郷で72町村からなり、谿山郡は谿山の1郷で9町村（松崎町、上福元村、下福元村、和田村、塩屋村、中村、山田村、五ヶ別府村、平川村）に分かれていました。戸長役場（戸長とは、その地域を治める役人のこと）は、最初は上福元村、下福元村、中村、山田村、平川村の5ヶ所ですが、その後9町村全部に置かれ、明治17年には、1ヶ所（現在の谷山小学校の一部）にまとめられました。

なお、谷山は昔から漁業も盛んでしたので、漁業を管轄する浦役人も置かれました。

明治7（1874）年　郵便局ができる。

この時の業務は、国内外の「郵便物」の受付と集配のみです。その後、

《郵便局（昭和36年）》

郵便「貯金」事務を明治19年に、国内外の「為替《かわせ》」（手形や小切手によって送金を処理すること）事務を同24年に、内外「小包」郵便事務を同26年に、和文欧文「電報」事務を同28年に、「電話通話」事務を同41年に、簡易「生命保険」事務を大正５年に、特設電話交換事務と郵便「年金」事務を大正15年に、普通「電話」交換事務を昭和７年に開始します。

明治10（１８７７）年　西南戦争に谷山から多数従軍する。

西南戦争で、谷山も戦火にまみれました。松崎町や麓の全部がほとんど灰燼に帰し、町で残った建物はいくつかの土蔵《どぞうくら》蔵と数件の屋敷だけです。焼失した家は数百戸に上り、谷山の大火としては最大になりました。なお、前年には、私学校生徒が谷山小学校を弾丸製造所とし、失火のため、校舎３棟が全焼しています（１５５ページ参照）。

11（１８７８）年　鹿児島警察署の分署として警察署が置かれた。
（同26年には、昇格して谷山警察署となりました。）

13（１８８０）年　塩屋村の井樋の尻で塩田開発が着手された。

塩釜神社

（塩の専売が始まる明治38年まで、製塩は塩屋村で盛んに行われます。）

明治15年には、「鹿児島県地誌」という本が出版され、この頃のことがよくわかります。

まずは、地区別の戸数と人口から。（　）内は、上が戸数、下が人口です。

松崎町（４９０、２５１８）　上福元村（１２３９、４８４１）
和田村（４１８、１９００）　下福元村（１０１９、５０２０）
塩屋村（４８６、１９３９）　平川村（４５２、２１２７）
山田村（３７０、１１５８）　中村（４２３、２００８）
五ヶ別府村（３３７、１５２７）

谷山地区全体では、戸数５２３４、人口は２万３０３８人です。

なお、松崎町は、和田一帯の浦浜も含んでいました。そのため、商業１６９戸、漁業３０９戸ですが、地方の１地区として商家の数がこれほど多くまとまっている所は、県下でも少なかったそうです。

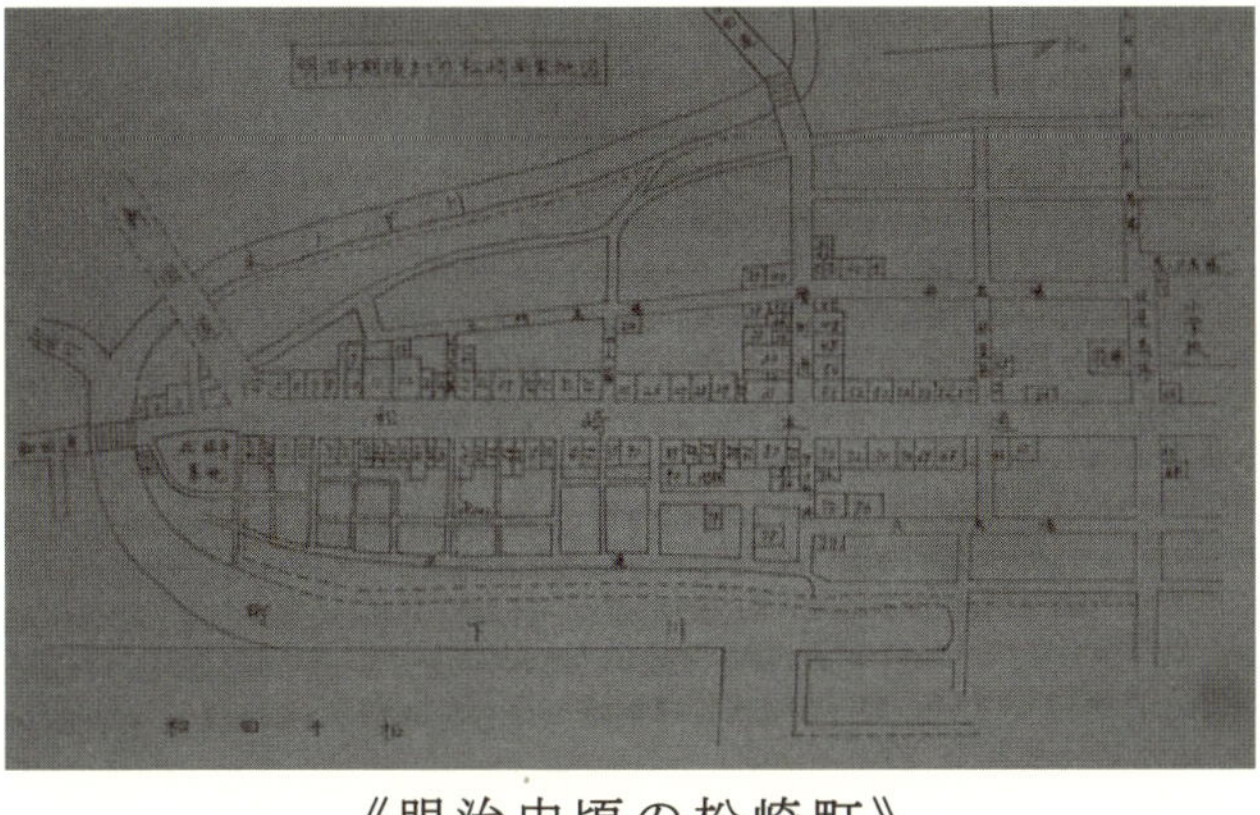

《明治中頃の松崎町》

土地の使われ方としては、全体約３０７６町歩（ほぼ㌶と同じ）の内、田が７２０町歩（約23％）、畑が１３６９町歩（約45％）、宅地２３４町歩（約８％）、山林や林６９６町歩（約23％）等となっており、ほとんどが山林か田畑だったことがわかります。

また、谷山は昔から半農半漁の村です。「鯛12万尾」「鯖鰺類１８５万尾」「たこ１万斤（１斤は約６００ｇ）」等となっています。漁船も２６６隻（松崎町83隻、上福元村12隻、下福元村５隻、和田村１２１隻、平川村45隻）です。櫓の漕ぎ方が上手で、「谷山の櫓漕ぎ」と「串木野の帆掛け」は有名だったそうです。明治18年には、県で初めて漁業組合もできています。

明治17（１８８４）年　谷山海岸で、いたや貝の養殖を始める。
慈眼寺軍馬育成所が開設された。

軍馬育成所は、陸軍省の管轄で、慈眼寺入口の原野に開設されました。敷地は３町歩余、軍馬数は不明です。明治39年に閉鎖されますが、その後営林署ができ、大正５、６年頃には、谷山で初めての会社組織である製氷会社ができました。

明治18（1885）年　慈眼寺公園修築

慈眼寺は、廃仏毀釈以後、一時私有地にもなっていましたが、戸長の吉井友輔が私費で買い戻しました。その後、戸長の伊地知季治が中心となって、土地約4反歩を譲り受け、81坪半の2階建て園亭（共楽園）や泉水などを造りました。美観の共同管理と一般への開放が目的でした。

昭和35年には、市（この時は谷山市）からの要望（同3年には公園に指定）により譲渡しましたが、有志で慈母観音像を寄進しています。

慈母観音像

22（1889）年　和田干拓地民間人にて工事着手（途中で終了）。

伊作、知覧街道が開通した。

前述したように、この年に「市制及び町村制」が施行されました。新しい自治制度を確立するために、大規模な町村合併が行われ、従来の5分の1になっています。鹿児島県では、大島郡5島や川辺郡十島を除いて、609町村から1町114村となりました。鹿児島市は旧城下の50町村が鹿児島郡から独立して市制（人口２万５０００人以上、全国では39の市）を布きました。

国の方針では、３００～５００戸を１町村の標準としましたが、鹿児島県では、大体昔からの「郷」を単位として町村としたため、「谷山郷」がそのまま「谷山村」となりました。そのため人口１万人を超える町村が22もありました。特に、谷山村は人口２万人を超えていたため、頴娃村（人口１万８０００余人）とともに、全国３大村の１つと言われました。

また、明治22年から５ヶ年に、虫が大発生し、稲の大被害があり、生産量が70％も減少したとの記録もあります。

明治23（１８９０）年　潮見橋が架け替えられた。

先代の潮見橋は、天保年間に架けられました（59ページ参照）が、潮見橋を渡る道は、かつて「山川路」（59ページ参照）と呼ばれる指宿・山川方面への幹線道路でした。長さ36・２ｍ、幅４・７ｍ、赤みを帯びた石組みと石造りの欄干が特

〔潮見橋（昭和**20**年頃）〕

〔潮見橋（平成**14**年）〕

徴で、三連アーチの石橋でした。

平成20年には、新しい橋となり、石橋もなくなりました。

現在は、橋の近くに、記念碑が建てられています。


明治28（1895）年　新郡区編成により、鹿児島郡の一部となる。

（これ以後は、鹿児島郡谷山村です。15～16ページ参照）


30（1897）年　清見橋が架けられた。

（明治の中頃に、清見橋以北の道は県道として整備されました。）


32（1899）年　谷山に消防組が組織された。

（この時は、常設ではありません。常設は大正元年です。）


33（1900）年　長太郎焼が永田川河畔に創業された。

（薩摩焼は、朝鮮渡来の人々によって始められますが、長太郎焼はそれとは別の系統の薩摩焼です。）


37（1904）年　谷山―鹿児島間に、乗合自動車の営業を開始する。

この乗合自動車は、県下で初めてでした。木炭を燃料とする木炭自動車ですが、馬車とともに、重要な交通機関でした。

大正元（1912）年　鹿児島市武之橋―谷山間に電車が開通する。

この電車については、前年の明治44年に鹿児島電気軌道株式会社が申請・布設したものです。会社の創設には、谷山の人々が多く関係しています。距離は6・4km、全国で28番目、電車は木造で、人だけでなく小荷物や鮮魚類の運搬も行いました。乗車賃は、武之橋と谷山の間を6区に分け、1区間を片道2銭で全線12銭、これに通行税1銭を加えて13銭でした。午前7時までの運賃は半額でした。

開業当初は、電車に対する理解がなかったり、ぜいたくという考えもあったりしたため、会社では、大正2年に二軒茶屋付近に遊園地を造ったり、同5年には鴨池に動物園を開設したりしました。鴨池動物園は、開園当初は、九州で唯一の動物園でした。

なお、武之橋―鹿児島駅の開通は大正3年、高見馬場―西鹿児島駅（現

【開業頃の谷山電停と電車】

【昭和10年頃の鴨池動物園】

在の鹿児島中央駅）は同４年です。
鹿児島市に売却して、鹿児島市電となったのは、昭和３年７月です。開通が鹿児島市街地よりも谷山の方が早かったり、元々は民間の会社が経営して、動物園まで開設していたりとびっくりですね。

大正３（１９１４）年　上松崎横町の大火（８月）。
この年には桜島の大噴火もありました。地震を伴ったため、家や石塀、煉瓦・煙突等が壊れましたが、火災は２、３に止まり、大火には至りませんでした。但し、降灰のため、農家の冬作はほとんど全滅し、夏作の水稲や畑作の作物も大被害を受けました。

７（１９１８）年　慈眼寺―大久保道路が完成する。

大正９年に、現在の国道２２５号線（当時は鹿児島加世田線　従来の川辺街道）と２２６号線（当時は鹿児島指宿線　従来の山川路）が県道

【昭和 24 年脇田川の電車】

【昭和 24 年 行き違い所】

として認定され、その後、両線とも昭和28年に国道となっています。
また、大正12年に「谷山の漁業最盛となる」の記録があります。同6年に発動船が建造され、多くの谷山漁民が乗組員になるとともに、同8年には、谷山丸、東進丸の2隻が進水しています。

大正12（1923）年　和田干拓の大工事に着手する。

江戸時代にできた（69ページ参照）和田干拓は、自然災害によって壊され、そのたびに修理が行われましたが、大正8年、県による8ヶ年計画の修理工事が決定し、昭和6年に完成しました。造成された土地は63町歩で、江戸時代の時と大体同じです。

13（1924）年　谷山町制を施行する。（9／1）
14（1925）年　谷山上松崎大火により商店多く炎上する。
15（1926）年　谷山中央地区の耕地整理を着工する。

〔和田干拓（昭和30年代）〕

《谷山分署（大正13年）》

（昭和4年に完成しています。現在も大規模な土地区画整理事業を実施していますが、90年程前にも行っています。）

昭和3（1928）年　谷山神社が創建された。

谷山神社は、懐良親王を祭神として、松方正義の遺子《いし》の寄付により建立されました。神社内には、谷山隆信を祀る摂社《せっしゃ》もあります。

ここで、松方正義（1835～1924）について。

松方正義は、内閣総理大臣（2回）、大蔵大臣（5回）、内大臣等を歴任した、明治時代を代表する政治家の1人です。両親はともに谷山出身ですが、夫婦で松方家（下荒田）の養子となりました。正義が松方家を継いだ後は、両親は元の松田姓に戻り、谷山（和田名）に帰っています。

このようなことから、正義自身は下荒田の生まれですが、谷山に対する思いも強かった人物です。

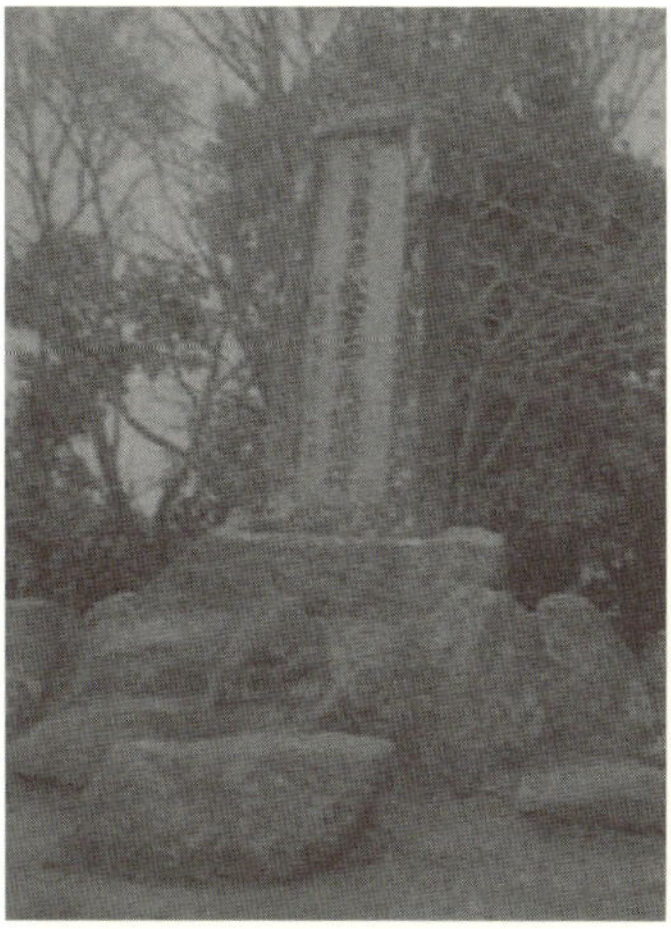

【松方正義顕彰碑】

谷山神社

なお、御所原の記念碑（46ページ参照）も、正義が建てたものです。

昭和４（１９２９）年　慈眼寺公園の修営大工事が完了する。

（前年に谷山町立慈眼寺公園となり、公園設計者は、鹿児島高等農林学校教授淵野旭子です。）

５（１９３０）年　指宿線の西鹿児島駅―五位野間が開通する。

坂之上に無線受信所が開設された。

バスの谷山線が運行を開始する。

この鉄道工事は、昭和３年から始まりました。大正11年に、鹿児島から指宿・枕崎を経て、加世田までの鉄道が計画されますが、その最初として開通したものです。この年に谷山駅と五位野駅が、４年後の昭和９年に平川駅ができました。

無線受信所は、鹿児島―那覇間の無線通信を開始するため、大正13年

〔五位野駅（昭和 39 年頃）〕

《無線受信所の鉄塔》

に送信所と仮受信所が吉野に設置されましたが、業務拡張のため、昭和5年に正式の受信所を坂之上に設置したのです。20名ほどが従事して、当初那覇との無線電信を行っていましたが、同13年には、奄美大島との市外通信に変わりました。その後、新しい市外回線が開通して、同38年に廃止されました。

鹿児島市の市営バスは、昭和3年（電車が「市電」となった年です）末に営業を開始しますが、谷山線は、谷山電停終点―和田名の間の2・57㎞です。バスは、電車の延長・つなぎとしてスタートしたのですね。

昭和6（1931）年　平川郵便局が設置された。

8（1933）年　大崎県道（鹿児島―加世田の大崎間）着工。

（錫山経由です。）

専売局が鹿児島たばこ試験場を開設した。

たばこ試験場は、庁舎敷地25１0坪（1坪は約3・3㎡）、試耕地8１94坪です。業務拡張のため昭和28年にできた坂之上の笠松分場

《たばこ試験場》

は、庁舎敷地525坪、試耕地6290坪となっています。なお、昭和40年度の煙草耕作農家は175戸、作付面積は38町6反です。

昭和9（1934）年　大干ばつのため、陸稲は収穫皆無、水稲は大減収となった。

（畑に植えた稲が陸稲、水田に植えた稲が水稲です。この頃の農家数は、5533戸です。）

12（1937）年　錫山郵便局が設置された。

13（1938）年　農林省獣液調査所が開設された。

谷山公益質屋が開設された。

（市町村が庶民金融の便宜のために経営する質屋です。）

農林省の獣液調査所は、九州支所（九州全県と沖縄・山口両県を管轄）として、翌14年に和田くつわ崎に本庁舎が完成しました。敷地1万2000坪、建物総面積688坪です。現在の市民体育館駐車場・テニスコ

〔農林省獣液調査所〕

動物衛生試験場九州支所

ートから産業道路、南栄5丁目の一部まで広がっていました。

昭和20年には、「農林省家畜衛生試験場」と名称が変わりました。その後、同43年には、中山町に移転し、現在は「動物衛生試験場九州支所」となっています。

人口について。明治15年が2万3038人でしたが、大正9年の人口は2万5986人、昭和10年でも2万8351人です。少しずつ増えていますが、明治・大正・昭和初期と、この50～60年間では、あまり変わらなかったことがわかります。

昭和14（1939）年　錦江療院が平川に開設された。

（現在の鹿児島赤十字病院ですが、以前は鹿児島市郡元にありました。）

15（1940）年　鹿児島区裁判所谷山出張所（現在の法務局谷山出張所）が開設された。

県道小山田谷山線（一般には山田線）が県道に認定された。

20（1945）年　空襲により市街地中心部を焼失した。

鹿児島赤十字病院

枕崎台風により和田干拓護岸が決壊する。

枕崎台風は、最低気圧917ミリバール、最大風速は推定で50m、全国で死者2076人、行方不明1046人です。特に広島県で大きな被害（死者・行方不明合わせて2012人）が出ましたが、県内でも死者104人、行方不明25人です。

なお、和田干拓護岸の補修工事は、昭和25年完了しています。

〔枕崎台風による堤防決壊〕

昭和21（1946）年　錫山、岩屋地区、同22年全地域に電気点灯。

この年から、全国的に農地改革（大地主や小作農をなくし自作農を増やす）が始まります。谷山では、翌年に第1次農地買収が始まりますが、「谷山町概況調査書」（昭和22年7月刊行）によれば、自作農1802戸、小作農1175戸、自小作農（自作と小作の両方の農家）191戸です。

田畑の推移は、次のとおりです。

（数値は町歩）

	自作田	小作田	自作畑	小作畑
昭和22年	415	296	（資料なし）	

26年	609	約187	約784	183
37年	650	約80	約833	約95

自作の田畑が増えていることがわかります。

平川町の須々原地区では、引揚者の入植開拓（戸数は当初約20戸）も始まりました。

昭和23（1948）年　谷山自治警察署となる。

谷山火災により、町役場が田辺の新生工業跡へ移転する。

谷山町立谷山高等学校が発足する。

町役場は翌年には煙草収納所へ移転するとともに、11月には新庁舎を竣工しています。

なお、新生工業跡には、11月に「愛の聖母園」が開園しています。

昭和24年から上福元町の伊作街道筋に、県酪農協同組合ができましたが、谷山では坂之上、福平、中（中山のこと）、五ヶ別府が主産地で、

《町役場（昭和39年頃）》

《須々原地区》

乳牛数６９７頭、飼育戸数は５７０戸です。

谷山高等学校について。

戦前の教育制度では、高等小学校（現在の中学校）を卒業すると、旧制中学校（現在の高校）や青年学校で学びました。昭和10年に谷山町立青年学校となりますが、同14年には、青年学校も義務教育となりました。戦後の同22年度に、新しい教育制度の始まりとともに、青年学校は廃止となりますが、このままでは「働きながら学ぶ青年を路頭に迷わす」ということで、町立青年学校の校舎をそのまま使用し、谷山町立谷山高等学校（定時制、農業科、全日制女子家庭科）となりました。

《旧谷山青年学校》

翌年には、全日制普通科も新設されましたが、校庭も狭く谷山第一中学校（現在の谷山中）と同居でした。昭和26年に旧田辺工場跡に校地を決定し、同28年に移転しています。

同29年には、県立への移管が決定し、同31年4月から「鹿児島県立谷山高等学校」となりました。同41年度は、全日制普通科14学級、商業科15学級です。

昭和43年4月からは、「鹿児島県立鹿児島南高等学校」となり、現在（普通科・商業科・情報処理科・体育科　生徒数946名　数値は平成26年度　以下の高校・大学等も同様）に至っています。

昭和25（1950）年　ラサール高等学校が開校する。

ラ・サール会は、高校設立の候補地として、北九州市や仙台市等も考えていましたが、鹿児島のカトリック関係者が熱心に依頼して、谷山に設立することになりました。同31年には、中学校もできています。現在は、高校が生徒数694名、中学校が生徒数526名です。

26（1951）年　水道工事着工。

ルース台風襲来。

この時の水道工事の水源地は慈眼寺の稲荷山で、昭和28年に給水を開始し、同34年で完了しました。その後、1回目の拡張工事が、中塩屋の地下水を水源として昭和37年から2年、第2回が下福元草野の田ノ尻湧水を水源として昭和39年から2年、第3回が五ヶ別府後ノ谷と和田名の湧水で昭和41年から2年です。

〔ルース台風被害〕

ルース台風は、最低気圧945㍊、最大風速は42・5m、最大瞬間風速は推定で60mです。典型的な高潮台風でしたが、全国の死者は572人、県の死者は126人です。谷山では死者21人、重軽傷者133人、家屋の全壊678軒、半壊695軒、流失65軒となっています。住宅不足が問題となり、翌27年に災害仮設住宅を造りますが、これが市営（当時は町営）住宅の最初です。

前ページ写真は、煙草収納所で、全壊しています。

昭和27（1952）年　谷山商工会設立される。
（経済的な回復が伺えます。）

28（1953）年　豪雨により、農作物の被害が甚大となった。

29（1954）年　鹿児島市との合併問題について、公聴会が開かれた。
谷山町役場の錫山出張所が開設された。
谷山伊作線（伊作街道）と谷山知覧線（知覧街道）が県道に認定された。

31（1956）年　永田川の改修工事が始まる。

市制施行記念碑

昭和32（1957）年　谷山市制が施行される。

明治22年に谷山郷がそのまま谷山村になり、人口が2万人を超えていたため、全国3大村の1つといわれました。その後、大正13年の町制施行を経ての市制施行です。人口は3万9689人です。


33（1958）年　明治34年以来の大雪が降る。

鹿児島県農業試験場が田辺地区に移転された。（敷地約2182アールで、全国でも有数の規模です。）


この頃、国道225号線の拡張整備が始まっています。翌年には清見橋が従来の石橋から鉄筋コンクリートに代わっています。

永吉入佐鹿児島線（山田―五ヶ別府―伊集院）と大崎谷山線（錫山線のこと）が県道認定です。

【雪の谷山】

《県農業試験場》

昭和34（１９５９）年　市営の青果市場が開設された。
（入荷産地は谷山市内65％、喜入町23％、県外７％などです。）
谷山市消防本部ができる。

この頃が谷山地区で最も農業が盛んな時期です。以降は停滞または減少傾向となります。谷山干拓地（現在の東開町）も当初は農業用地として計画（昭和25年申請）されますが、工業団地として使われました（昭和40年に他用途転用を終了）。

【昭和33年頃の225号線】

35（１９６０）年　万田ヶ宇都の公園墓地着工。
（同39年には、墓園を開設しました。広さは約４・２ヘクタールです。）
鹿児島電波工業高等学校開校する。
（その後、鹿児島電子工業高等学校となり、平成３年からは、鹿児島情報高等学校と改称しています。情報処理科や普通科、マルチメディア科等、

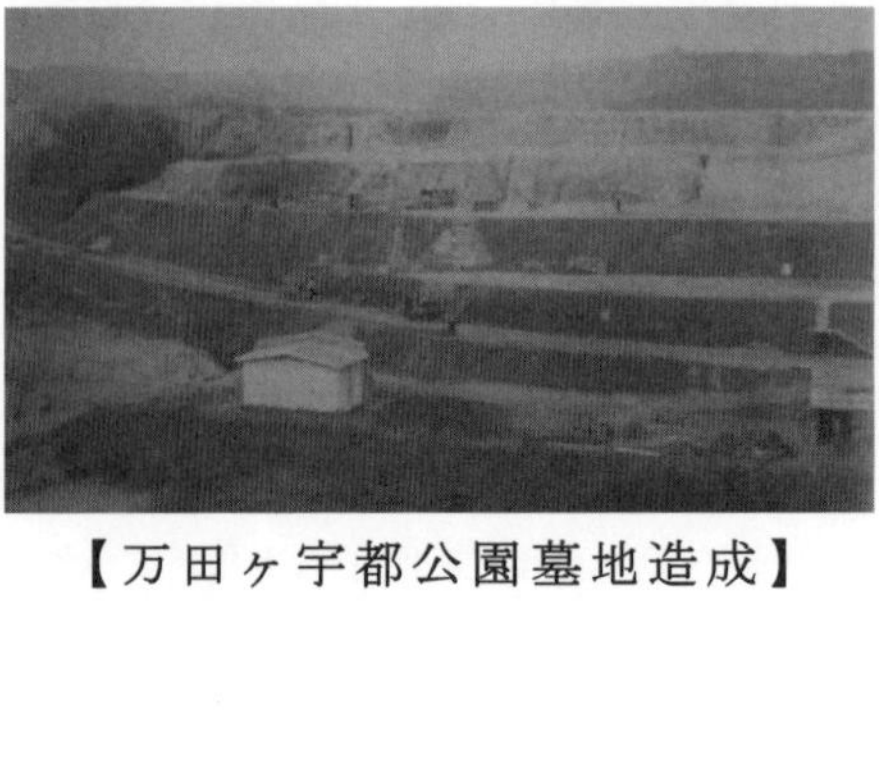
【万田ヶ宇都公園墓地造成】

10科があり、生徒数1379名です。）

下の写真から、現在と変わらないのは、市電谷山線、旧谷山街道と国鉄（この頃はJRではないのです）指宿枕崎線です。周囲はほとんど田畑ですね。

昭和37（1962）年　市営火葬場が開設された。

第2谷山干拓第1工区潮止工事完了。

火葬場の場所は御所ヶ原台地で、重油バーナー式焼却炉2基による火葬施設でした。

第2谷山干拓は、昭和25年からの国営事業で、同40年に堤防工事が完成しました。第2工区については、同36～37年に一部汐受堤の施工をし、同41年完成です。

この干拓地は、当初農業用地でしたが、同40年7月に、他用途転用を終わり、東開町工業用地になっています。

【昭和36年の東谷山上空】

【第2谷山干拓潮止工事】

合併前の谷山市には、和田干拓地と東開町工業団地の２つの工業団地がありました（１０８ページ参照）。

この年の谷山の商店数は４４１です。明治・大正と松崎町に商店数が多かったことは前述（81ページ参照）しましたが、県内の同規模の他市に比べると少なくなっています。これは鹿児島市のベッドタウン化しているためですが、昭和41年には８８９と急増しています。都市としての急激な発展が伺えます。

昭和38（１９６３）年　谷山福祉会館竣工。

39（１９６４）年　谷山消防署竣工。

　鹿児島県中央児童相談所、郡元町より移転。

40（１９６５）年　谷山市街地の道路拡張工事が完成する。

（幅６ｍと狭かった国道２２５号線を移設、幅を25ｍに拡張しました。）

41（１９６６）年　谷山市議会が合併を議決する（６／23）。

《谷山消防署》

《狭かったころの国道》

鹿児島市議会が合併を議決する（6／29）。坂之上駅と谷山上福元局、坂之上局が新設された。

（坂之上駅は、平成16年では、市内では、鹿児島中央駅に次ぐ利用客の多さになっています。）

〔坂之上駅〕

鹿児島工業短期大学が開学し、鹿児島経済大学が笠松に移転しています。

前者は、昭和30年開校の南九州無線電信電話専門学校が前身です。同46年で閉学しています。

後者は、昭和25年に鹿児島商科短期大学、同35年に鹿児島経済大学となり、平成12年に鹿児島国際大学と改称しています。現在は、経済、福祉社会、国際文化の3学部があり、大学院も含めて、学生数は3004名です。

最後に、人口について。

明治から昭和初期にかけて、2万人台後半ですが、昭和17年に3万人を超えます。戦後の同22年には急増して4万799人です。これは戦争が終わって、海外にいた人が帰国したり郷土に戻った

明治１５	２３，０３８（人）
大正　９	２５，９８６
１４	２６，９０３
昭和　５	２８，２２６
１０	２８，３５１
１７	３０，０５１
２２	４０，７９９
２５	４０，０９８
３０	３９，６７１
３５	３８，６４０
３９	４２，１２５
４１	４４，６９９

りしたためです。その後、少しずつ減少傾向（同37年は３万８３６５人）となりますが、同39年には４万２０００人を超え、同41年には４万４６９９人です。

これは、鹿児島市の発展に伴い、隣接する谷山市に人口が移動しつつあったためです。昭和30～40年代は、日本の高度経済成長期にあたり、都市部に人口が集中していった時代ですが、その時代にほとんど人口が変わらない、というのも「谷山市」の特徴の１つです。

なお、谷山市内の地区別の人口を見ると、昭和38年、１５５地区の中で、５００人以上は、次の17地区です。

北清見・笹貫・上塩屋・小松原・新入・田辺・北麓・南麓・上松崎・柏原・和田塩原・一番頭・掛之下・和田名・野頭・芝野

海岸付近（小学校で言えば、東谷山・谷山・和田小校区）が多いことがわかりますね。

合併の数年前から、鹿児島市のベッドタウンとして発展が顕著となりますが、合併後は、さらなる発展の時代を迎えます。

【昭和 39 年の谷山市街地全景】

第7章　昭和42年（合併）以後

主要参考文献の1つでもある『鹿児島県の歴史』（２０１１年第２版）は、13ページにわたって年表（２００２年１月まで）を作成していますが、谷山地区に関することは次のとおりです。

○　縄文草創期　掃除山遺跡
○　縄文後期　草野貝塚
○　弥生後期　魚見ヶ原遺跡
○　１３４２年　後醍醐天皇皇子懐良親王、薩州津に着き上陸、谷山隆信の谷山城にはいる。
以後５年余谷山城に滞在。
○　１６５５年　谷山錫山を取りたてるという。
○　１９３１年　谷山和田干拓地工事竣工
○　１９６６年　鹿児島市・谷山市の合併決まる。

合併以後、「鹿児島臨海工業地帯２号用地が完成」「鹿児島市の平川動物公園が開園」「石川島播

磨重工業、鹿児島臨海工業地帯1号用地へ進出協定締結」等の記述が続きます。

合併以前のことについては、谷山地区の特徴ある歴史事象ですので詳述しましたが、谷山地区（市）は、地方都市の1つでしたので、「県の歴史年表」での記述があまり多くないのは当然のこともいえます。

但し、約50年近く前の鹿児島市との合併当時、約4万4000人だった人口が、現在では約16万人になっていることをふまえれば、この50年の変化こそが谷山地区の最も特徴的な歴史事象の1つといえます。

では、合併後を時系列で調べていきましょう。

昭和42（1967）年　谷山電報電話局が開設された。
鹿児島市と合併した（4／29）。

鹿児島市との合併問題は、戦後、旧鹿児島郡の地域5町村（谷山町、吉田村、伊敷村、西桜島村、東桜島村）を鹿児島市と合併しようということで起こりますが、昭和23年では、谷山町は見送りました。同25年、伊敷村と東桜島村は鹿児島市に編入されました。その後、29年、

【合併式】

34年（この時は谷山市）と、谷山から合併を申し込みますが、うまくいきませんでした。

昭和39年10月に、寺園県知事から両市に合併促進の要請があり、翌年には、谷山鹿児島合併協議会が発足し、合併へと動きます。

知事の要請根拠は、次の３点です。

① 鹿児島市南港から谷山の７・７㎞の海岸線に、臨海工業地帯の造成計画が県議会で決定し、昭和40年度から計画を実行に移す予定であったこと。

② 両市が独立していては、政治的に財政的に、また工業誘致を図るためにも非常な困難と不利が生じるということ。

③ 人口50万の中規模地方開発都市建設の政府計画構想にも添うこと。

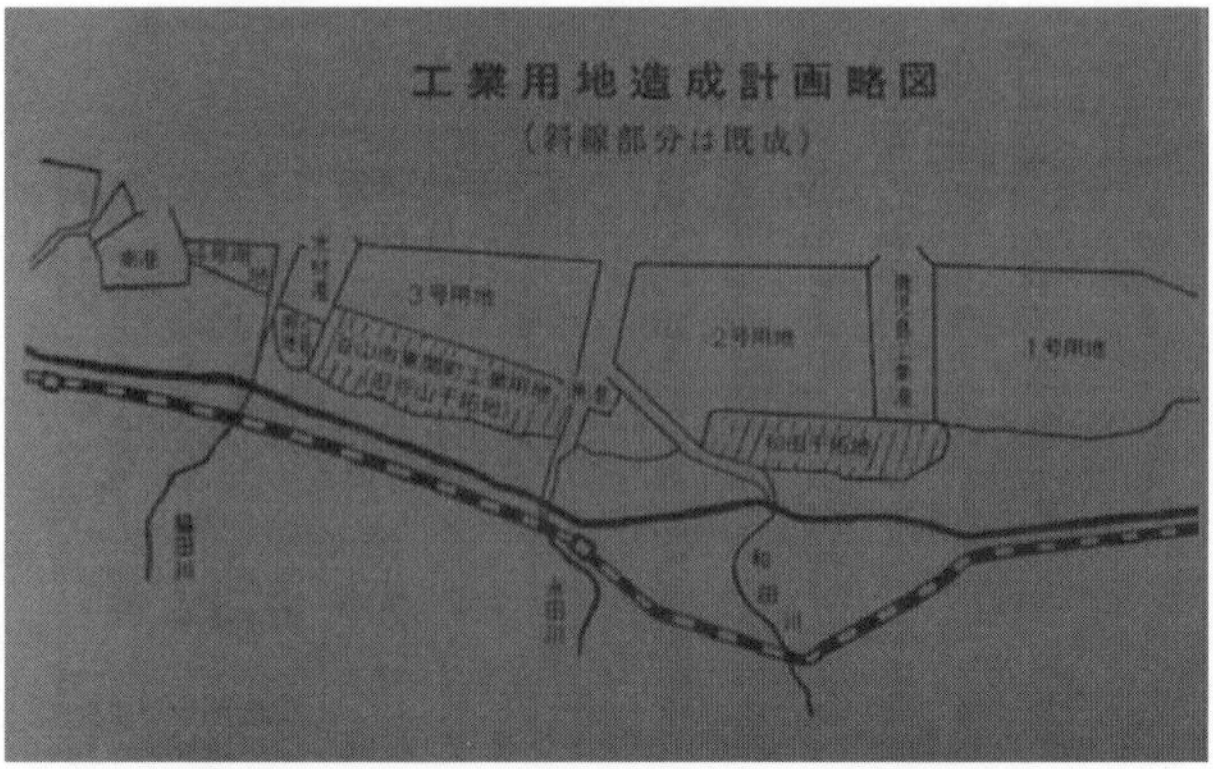

《昭和41年１月作成の造成略図》

合併に至った最大の理由は、人口の過密化に悩む鹿児島市が、宅地と水を谷山側に求め、旧谷山市は、行政力の強化で将来の発展を願ったからです。昭和30年代後半以降、旧鹿児島市から旧谷山市に移り住む人が急増（１０４ページ参照）し、同一生活圏のようになっていました。

合併式は、昭和42年4月29日午前、国道225号線の宇宿町付近で行われました。旧鹿児島市の人口は約34万1000人、旧谷山市は約4万4000人で、合計約38万5000人。面積は約279平方㎞（旧鹿児島市が約180、旧谷山市が約99）でした。全国で18番目の規模です。

新鹿児島市の市長選挙も、5／21に行われました。

なお、双方にあった「塩屋町」と「中町」について。塩屋町は旧鹿児島市が「甲突町」、旧谷山市が「谷山塩屋町」に、中町は旧鹿児島市はそのまま、旧谷山市が「中山町」と決まりました。

昭和43（1968）年　谷山郵便局から鹿児島南郵便局と改称した。

慈眼寺団地の着工。

鹿児島南郵便局は、昭和50年に鉄筋コンクリート地下1階地上2階、さらに平成元年に3階建ての新局舎が完成しました。

慈眼寺団地は、小規模ながら谷山地区では最初の住宅団地です。工事は、錫山峠を越える県道鹿児島加世田線沿いから始まりましたが、岩盤が多くて、難渋しました。ダイナマイトを使った発破作業の連続で、岩

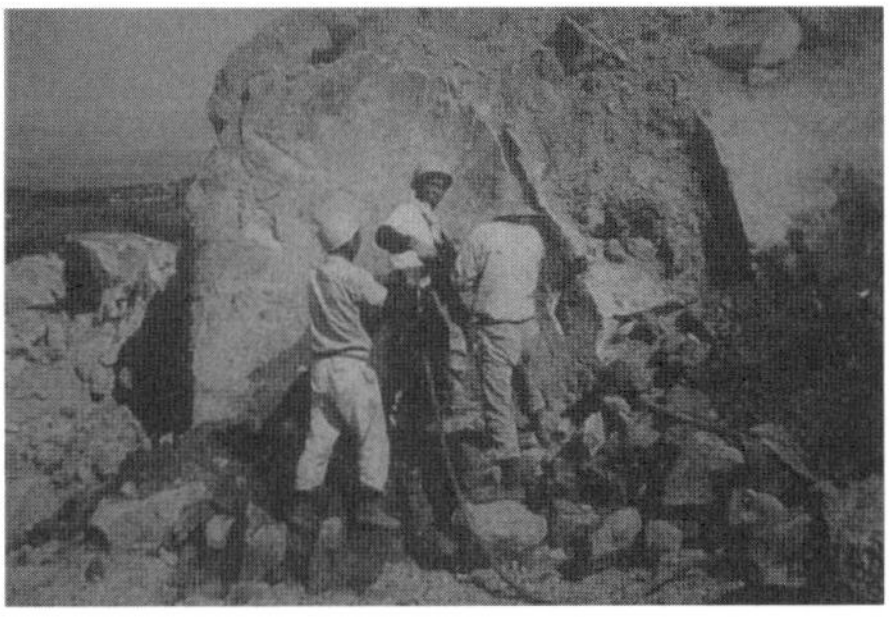

【発破作業の様子】

を砕く音が鳴り響くという、市内では風変わりな工事（他地域は、ほとんど柔らかいシラス）となりました。

昭和63年、慈眼寺駅ができています。平成4年には、上下線とも同時に停車できる行き違い設備と新駅舎（線路上の橋上駅で、県内初）も完成しました。

また、市民税を同一の税率にしています。税率は年収によって異なりますが、以前は、全体的には谷山地区の方が少し高くなっていました。

昭和44（1969）年　鹿児島市が40万都市になる。
（全国で20番目でした。8／28）
谷山地区の電話が市内扱いとなる。
市電の清水町―谷山間を新設。

警察組織について。合併当時、鹿児島署と谷山署がありましたが、

《慈眼寺駅開業》

《鹿児島南警察署》

この年に谷山署の管轄区域を広げ、鹿児島南署（東開町）ができました。同46年には鹿児島西署（原良町）ができ、同時に以前の鹿児島署を鹿児島中央署とし、3署体制となっています。

なお、山田地区のいちご（温室栽培）について、生産農家50戸、広さは2万4000㎡（3年前の4倍）、生産量約7万kgを見込むの記録（『鹿児島市民のひろば』4月号）もあります。

昭和45（1970）年　市消防本部が2署（中央消防署と南消防署）制を実施した。

（南消防署は谷山分遣隊が昇格したものです。）

谷山（昇格したものとは別）・谷山北等の分遣隊を新設した。

東開庭球場完成（12コート）。

谷山港開港。

46（1971）年　2号用地埋立地（266・2㌶）の町名決定。

（卸本町、南栄1～6丁目。南栄は、南が栄えるようにということで決定しました。）

県平川ヨットハウスが完成。

2号用地は、永田川の河口から南、旧和田中付近までで、約2・3㎞

【2号用地（手前）】

です。海に向けて幅20mの幹線道路を2本、横に幅16mと12mの道路を造り、広大な土地を長方形に分けています。陸側に幅26mの産業道路（県道です）、幅50mのグリーンベルト（10万7100㎡）を設けています。

土地の主な利用内訳は、工業用地（約152ヘクタール）、流通業務団地（卸団地　約31ヘクタール）、港湾関連業務用地（約16ヘクタール）などです。

2号用地により、和田干拓地も姿を消しました。全国でも指折りの飼料基地であり、卸商業団地となっています。

《破線下が和田干拓（昭和44年）》

東開庭球場と平川ヨットハウスは、昭和47年に鹿児島で開催された国民体育大会（太陽国体）の競技会場です。

なお、鹿児島市の埋立事業は、昭和40年代に盛んに行われており、次のとおりです。

	造成年度	面積（ヘクタール）	利用業種（計画等）
1号用地A区	昭和49～54	225	機械金属、住宅産業等
B区	47～52	205	造船、造船関連

2号用地	42～46	約266	飼料工場地帯の形成
3号用地	44～47	約54	木材加工団地
4号用地	38～40	25	機械金属団地
東開町工業用地	40	約92	木材団地
与次郎ヶ浜	41～47	109	総合観光施設建設
祇園之州	47～52	約8	上町地区の振興のため

谷山地区の用地の使用目的が工業団地であるのに対し、他2地区の目的・用途が全く違っています。

昭和47（1972）年　高速フェリー「さんふらわあ」就航（鹿児島～高知～名古屋）

鹿児島谷山1区港開港。

3号用地埋立完成。

特定公共下水道の2号用地処理場、処理開始。

（工場廃水を処理するもので、各工場の廃液たれ流しは禁止されました。）

平川動物公園開園。

《さんふらわあ》

鹿児島県立錦江湾高等学校開校。
（現在は、普通科12学級、理数科6学級で、生徒数681名です。）

「さんふらわあ」は、2年後は、大阪～志布志～谷山港も就航しています。

3号用地は、永田川左岸から木材港までの約1・4km（永田川の河口から北）です。東開町工業団地に接続しています。輸入木材の増加等をもとに造成されました。工業用地（約44㌶）の他に、市中央卸売市場もあります。

平川動物公園は、広さ29㌶で九州一の規模です。前々年に用地買収を開始し、前年に工事を着工しています。特に、入口近くのアフリカ園は、アフリカの草原をイメージし、動物が暮らすという、今の行動展示の先駆けで全国的にも珍しいものでした。

昭和48（1973）年　石川島播磨重工業（IHI）、1号用地B区に進出決定。

【3号用地】

【アフリカ園（昭和49年）】

この時は、鋼船修理と陸上機械制作の予定でした。翌年に売買契約を締結しますが、造船業界の構造的不況から、本格的進出ができず、同60年に陸上機械部門が一部立地しました。その後、平成４年には拡張され、37万５０００㎡となりました。これは、この事業分野では、当時国内最大規模でした。

但し、造船や鋼船修理等に関しては、平成14年に、鹿児島からの撤退を発表しました。

【ＩＨＩ工場】

昭和49（１９７４）年　水道局、谷山営業所を開設。

２号用地に鹿児島総合卸商業団地が完成。

この年に、鹿児島市の人口は45万人を超えました。

５㌶以上の宅地開発は、昭和63年度までに48ヶ所で行われます。その大半が昭和40～50年代に集中しており、総計画戸数は６万戸近くになります。１０００戸を超える大型開発は、城山、玉里、緑が丘、伊敷、花野、千年、原良、武岡、武岡ハイランド、西郷、紫原、桜ヶ丘、星ヶ峯・皇徳寺

・伊敷の各ニュータウンなどです。
谷山地区では、下表の16団地です。

【造成中の星ヶ峯ニュータウン】

【造成中の慈眼寺団地と２号用地】

団地名	面積（ha）	計画戸数（戸）	施行期間
桜ヶ丘団地	約１４０	３８６４	Ｓ４９～５３
魚見ヶ原団地	約２７	８００	４８～５０
自由ヶ丘団地	約１９	８６８	４３～４５
希望ヶ丘団地	約１３	２８９	４０～５３
武迫団地	約９	４５８	４５～５４
玉林団地	約６	２０８	４６～ Ｈ２
慈眼寺団地	約２９	７７７	４３～４６
星和台団地	約９	２６１	４７～４９
光山団地	約７	２３９	４５～５０
星ヶ峯ニュータウン	約１７１	４３００	５１～ Ｈ２
皇徳寺ニュータウン	約１４５	３８０７	５５～ Ｈ９
中山団地	約１１	２８４	５５～５９
山田団地	約１５	２４７	６０～６３
南皇徳寺台団地	約１４	３８９	Ｈ１１～ Ｈ１４
星ヶ峯南土地区画整理事業	約３５	６３４	Ｈ１２～ Ｈ１６
ニュータウン慈眼寺団地	約２０	３７２	未着手（団地名も仮称）

平成になっても造成が続き、平成24年3月現在で、未着手も含めると、62団地（総面積は約２２７０㌶）にもなります。計画戸数では、紫原団地の７３２６が最も多く、以下、星ヶ峯、桜ヶ丘、皇徳寺と続きます。

昭和50（１９７５）年　市営小松原納骨堂完成。
（鉄筋コンクリート、２階建祭壇数４５０。）

51（１９７６）年　地区画整理事業換地処分により魚見町誕生。
鹿児島港谷山２区の各種港湾施設が完成。
中央卸売市場（青果市場）が東開町へ移転。
（前日に、谷山青果地方卸売市場が、業務を閉鎖しています。）
産業道路が開通。
（片道２車線、総延長約11㎞です。）
県道笹貫―西塩屋線が開通。
（片側２車線、長さは２０７６ｍです。）

【産業道路】

【中央卸売市場】

新市場は、前年の1月に着工し、この年の9月に完成しました。1日に野菜45万人分、果物85万人分の取引ができ、1400台の駐車場、3600トンの大型冷蔵庫を備えています。旧市場と比較にならない広さに、「これで市民の胃袋も安心」と言われたほどでした。

昭和52（1977）年　谷山市民会館が開館。
指宿スカイライン頴娃―谷山間、29㎞が開通。
1号用地B区が完成。

53（1978）年　桜ヶ丘団地が完成。
（土地区画整理事業換地処分により桜ヶ丘1～7丁目誕生）
市民体育館が完成。
谷山支庁庁舎オープン。

桜ヶ丘団地は、開発前は「上の原」と呼ばれる標高70～120mの台

【1号用地（B区）】

谷山支庁

地で、谷山地区の有力な畑作地帯でした。鹿児島市街地や谷山の工業団地にも近い絶好の地として、農地から宅地への集団転換が行われました。広さは、140㌶です。地名は、桜島が一望できる台地という意味で命名された（『鹿児島市史Ⅳ』）とも、桜川上流の高台に立地するから（『角川日本地名大辞典46鹿児島』）とも言われます。

下の写真は、平成6年の航空写真です。写真左端の桜ヶ丘1丁目から写真中央上に見える鹿児島大学医学部・歯学部や同附属病院等の桜ヶ丘8丁目まで、約1万5000人が暮らしています。

但し、大学病院が建設されたのはもともとは宇宿町です。住居表示の変更で、桜ヶ丘8丁目となりました。

市民体育館は、本館（バレーボールなら3面）と補助体育館（バレーボールなら1面）があり、昭和61年には、屋外庭球場（クレーコート2面）が完成しています。

【桜ヶ丘団地】

市民体育館

谷山地区の町名変更は、笹貫・谷山塩屋地区を初めに、下表のようになります。

谷山中央1～4丁目は、平成8年2月から使われますが、地盤整理区域のため、下表にはありません。

また、鹿児島市全体では、町名変更は、昭和38年度の城南地区から始まっています。当初は、「○○町」だけが使われ、「○○一丁目」とか使われるのは、昭和45年度、紫原地区の「紫原一～七丁目」が最初です。

実施年度	実施地区	実施後の町名
昭和５３	笹貫・谷山塩屋地区	東谷山一丁目　小松原一丁目
５５	小松原地区	小松原一～二丁目
５６	桜川地区	東谷山一～三丁目
５９	慈眼寺団地地区	錦江台一～三丁目
６２	桜川地区	東谷山四～五丁目
６３	星ヶ峯団地地区	星ヶ峯一～五丁目
平成　元	希望ヶ丘・自由ヶ丘団地地区	希望ヶ丘町　自由ヶ丘一～二丁目
2	上福元町小原地区	小原町
4	皇徳寺ニュータウン地区	皇徳寺台一～五丁目
4	星ヶ峯ニュータウン地区	星ヶ峯一丁目
7	谷山第一地区	谷山中央五～七丁目　慈眼寺町　和田一～二丁目
8	慈眼寺地区	慈眼寺町
8	桜川第二地区	東谷山六～七丁目　東谷山四丁目　自由ヶ丘一丁目
9	皇徳寺ニュータウン地区	皇徳寺台四丁目
9	中山・山田団地地区	中山一～二丁目
１３	武迫団地周辺地区	清和一～二丁目
１９	坂之上地区	坂之上一～八丁目　錦江台一丁目
２０	光山地区	光山一～二丁目
２０	南皇徳寺台地区	皇徳寺台三～四丁目
２５	和田・谷山塩屋地区	和田三丁目
２５	谷山第二地区（第１期）	谷山中央八丁目　西谷山一～二丁目

昭和54（1979）年　谷山港にクイーンエリザベスⅡ世号入港。
小松原市民会館が開館。
南部処理場完成。
1号用地A区が完成。
1号用地埋立地の市域編入で町の設定（南栄6丁目、谷山港1～3丁目）。

クイーンエリザベスⅡ世号は、当時世界最大の周遊船（全長294m）で、平成6年までに4回寄港します。外国観光船の寄港は、昭和45年のプリアムーリエ号（ソ連）が初めてですが、同47年までは年に1～2隻だったのが、同48年以降は年間5～7隻に急増します。さらに、同58年は17隻、平成元年には27隻（ライバルの長崎港は18隻）となりました。

南部処理場は、汚水と雨水を別々の管で運ぶ分流式を採用し、汚水管の総延長は、957km（およそ鹿児島～大阪間）もあり、1日に11万ト

《クィーンエリザベスⅡ世号》

【南部処理場】

ンを処理することができます。

さらに、同56年には、下水汚泥堆肥化場が1号用地に完成しています。各処理場から発生する汚泥脱水ケーキを、約40日かけて発酵させ、堆肥化（「サツマソイル」の名称で商品化）しています。

処理場については、同63年に1号用地処理場（1号用内の事業場排水を処理するため）、平成12年には、谷山処理場（谷山市街地や慈眼寺団地などの汚水を処理するため）が完成しました。


市電では、それまで木造駅舎だった谷山電停が新しくなりました。

市電の谷山線に、「宇宿一丁目」の停留場が新設されました。谷山線が、専用軌道で高速運行ができ、好調だったためです。但し、市電自体は、昭和38年度がピーク（1日平均の乗客数約12万人）で、同46年からはバスが逆転しています。同60年には、上町線と伊敷線が廃止されました。

なお、市電誕生70年の平成10年には、総延長13・1㎞（これは公営電車としては、日本一です）、乗客数は1日平均約3万人です。

【木造の谷山電停(昭和 53 年)】

【谷山処理場】

１号用地は、和田町竹原から平川町無常野まで約４㎞です。県営の港湾施設として、３万トンバース２、１万トンバース１、５０００トンバース12などの公共岸壁も整備されました。

１号用地とは別に、埋立地ではありませんが、Ａ区に隣接し、家畜市場などがあった場所も工業用地に造成（２万２８００㎡）されました。

以上で、鹿児島・谷山臨海工業地帯の造成が終わりますが、鹿児島南港から平川町五位野までの海岸線で、延べ面積は、７５０万１０００㎡（約７５０㌶）です。

昭和55（１９８０）年　東谷山福祉館が開設。

鹿児島地方法務局谷山出張所の新庁舎が完成。

鹿児島市の推計人口が50万人を突破（７／10）。

（谷山地区でも人口10万人突破です。）

谷山地区の福祉館は、この後、昭和59年に坂之上、同61年に平川、同

【１号用地（Ａ区）】

【臨海工業地帯全景】

62年に西谷山、同63年に桜ヶ丘と続きます。

人口が50万人を超えたのは、全国で18番目、九州では、北九州市・福岡市・熊本市に次いで、4番目でした。

谷山地区では、人口10万人突破を記念して、おはら祭の地域祭としての「谷山ふるさと祭」が始まりました。国道225号線の谷山電停前～松崎交差点で、1日（5時間）の開催でした。

6／11には、鹿児島銀行東谷山支店で、現金輸送車が覆面をした2人組の男に襲われ、現金750万円を強奪されたという事件も発生しました。

【第30回谷山ふるさと祭】

昭和56（1981）年　谷山、福平、平川農協が合併し、谷山農協となる。
（翌年には、谷山北部農協も一緒になっています。）
市道、小松原―山田線が開通。
（長さは3940ｍで、市電・JRと立体交差しています）

昭和57（1982）年　七ツ島に県営サンライフプールがオープン。

東谷山上空からの写真です。同36年の同じような写真（101ページ参照）と比べると驚くばかりですね。「二十一年前の写真を見つめて、現在の笹貫バイパスの分岐点を探し出すことのできる人が何人いるだろうか。」とコメント（『市民フォト鹿児島』8号）しています。

58（1983）年　南消防署、南栄5丁目に新築移転。

谷山分遣隊を新設。

谷山港に大型帆船海王丸が入港。

（翌年には、練習帆船日本丸入港。）

坂之上駅と平川駅が民間委託駅となる。

59（1984）年　平川動物公園にオーストラリア・クイーンズランド州からコアラの雄2頭が贈呈された。

（翌年にはさらに雄4頭が贈呈され、同61年には赤ちゃんも誕生です。）

鹿児島南消防署

【東谷山上空・昭和57年】

昭和60（１９８５）年　桜ヶ丘に県児童総合相談センターが開所した。
県交通安全教育センターができた。
（これまで各警察署で行っていた免許更新等を一括して行っています。）

昭和60年の商店数は、谷山地区は市全体の約17％です。同49年が９・２％でした。49年を基準とすると、商店数は２倍以上、従業者数は３倍近く、販売額は約7倍に増加しています。

国税調査の町別人口は、吉野町２万６１８０人、上福元町２万６２２１人、下福元町２万６１８４人が特に多く、他に谷山地区では、五ヶ別府町１万２２５９人、中山町８３７０人、和田町６５２４人などとなっています。

昭和61（１９８６）年　南消防署、谷山北分遣隊を新設。

【平川動物公園（昭和 **59** 年）】

県交通安全教育センター

平川動物公園に長沙市から動物親善大使
として雲豹《うんぴょう》が贈られる。
星ヶ峯墓園ができた（5万2400㎡）。
錫山鉱山閉鎖。

5月にはシロサイも仲間入りします。翌々年には、同じく長沙市から珍獣レッサーパンダ2頭が贈られ、コアラ3世も誕生しています。

錫山鉱山は、明治以降も島津氏の所有でしたが、大正10年には、産額減少と外国錫の輸入による錫価の下落のため経営困難となり、休山しています。

その後再興され、昭和10年代前半には、毎年40トン以上の産出となり、開山以来、最高の活気となりました。昭和15年には、国策により民間企業の経営となり、戦後に引き継がれました。

錫山鉱山は、1655年に錫が発見されて以来、薩摩藩の財政を支えたり、重要な地下資源だっ

【雲豹】

【コアラ（平成16年）】

たりしましたが、３００年以上にわたる歴史を閉じることになりました。

昭和62（１９８７）年　桜島有村地区の住民が星ヶ峯団地に集団移転（22世帯51人）した。

（桜島の降灰被害による集団移転です。）

学校給食センター谷山分場が業務開始。

錦江湾公園キャンプ場オープン。

谷山保健センターが完成した。

（鉄筋コンクリート２階建て、延べ床面積約１４５２㎡です。）

旧宮川小学校跡地に宮川野外活動センターが完成した。

南消防署、谷山分遣隊を上福元町諏訪に新築移転した。

東谷山納骨堂が完成した。

（鉄筋コンクリート２階建て、高さ約２ｍの仏壇つき納骨壇４３２基。）

〔錫山鉱山精錬所〕

この年の11月、市は人口が12万人を超えた谷山地区の将来の街づくりの基本となる「谷山副都心構想素案」を発表しています。谷山支所、ＪＲ谷山駅、ＪＲ指宿枕崎線を中心に副都心ゾーンを形成、ＪＲ新駅やバスターミナル、駐車場などの交通拠点を設け、谷山サザンホールを核にした公共施設整備、アーケード建設などによる商店街の近代化に取り組むことにしています。

写真は、中央の小高い丘のうしろに慈眼寺団地、右前方にニュー慈眼寺団地、一番手前に労金坂之上団地、小高い丘の左手に星和台団地です。

昭和63（１９８８）年　九州縦貫道（鹿児島北～鹿児島）、指宿有料道路Ⅲ期（鹿児島～谷山）、国道３号線鹿児島バイパスの一部の３線が同時開通した（３／29）。

市道大牧線（星ヶ峯ニュータウン～鹿児島市街地　２４００ｍ）開通。

ＪＲの指宿枕崎線は、市中心部と谷山方面を結ぶ重要な役割がありますが、この年に慈眼寺駅が新設されました。２年前には郡元駅と宇宿駅もできました。乗客数も、例えば谷山駅が昭和40年約３４００人↓同60

【慈眼寺団地　昭和62年】

【谷山支所周辺　昭和63年】

年約５５００人、同様に平川駅も約６００人↓約３０００人です。
なお、平川動物公園は、この年の８月に「入場者１０００万人」を達成しています。昭和47年に開園していますから、年平均約60万人弱となります。

平成元（１９８９）年　１号用地Ａ区内で鹿児島市制１００周年記念事業『サザンピア21〜火山と未来のフェスティバル』開幕。

南薩横断道路、錫山バイパスを最後に全線開通。

谷山北福祉館開設。

平川浄水場通水。

谷山サザンホール開館。

谷山塩屋地区と笹貫地区の土地区画整理事業が完了。

《サザンピア **21** 会場全景》

平川浄水場

サザンピア21は、3／16～5／14に開催され、入場者数は88万916人（当初の目標は75万人）でした。未来の鹿児島市を紹介したジオラマや市民100年館、無重力体験装置、ワールドグルメゾーンなどがありました。

平川浄水場について。この年に万之瀬川導水路が完成します。加世田市川畑から平川まで約21㎞（川辺町田上岳の調整池までポンプで上げ、平川浄水場まで自然流下水として送る）です。昭和48年に計画を策定しました。当初は1日16万2000トンの予定でしたが、南薩地域の反対もあり、同56年に1日7万5000トン（上水道用5万5000トン、工業用水2万トン）へ変更しました。鹿児島市議会は、万之瀬川流域1市5町の条件付き同意に対して、異例の感謝決議をしました。1日の最大処理能力3万トンで、計画発表から16年目の通水でした。

谷山サザンホールは、最新の音響設備を備えた市南部地域の文化の拠点（128ページ参照）として造られました。敷地6933㎡、延

谷山サザンホール

【万之瀬川導水場】

べ床面積5970㎡（地上2階、地下1階）です。一般席800で、車椅子席や母子席もあります。

土地区画整理事業（下表）について。

9事業のうち、上の6事業が終わっています。残りの3事業の進捗率は、平成26年度末で、約98％、55％、約1％となっています。

図の真ん中の縦の部分は、永田川です。

土地区画整理事業図（谷山都市整備課）

地区名	面積（ha）	施行期間
谷山塩屋地区	19．4	S38～H 元
笹貫地区	28．1	40～H 元
桜川地区	63．8	44～H 4
小松原地区	42．5	45～H 3
谷山第一地区	127．8	53～H12
桜川第二地区	32．7	58～H10
谷山第二地区	72．9	H 9～H28
谷山駅周辺地区	15．3	H19～H31
谷山第三地区	34．9	H23～H39

9事業の総面積は437・4ヘクタール、施行期間は昭和38年から平成39年までの64年間に及ぶ、長期的な事業です。幅12m～21mの幹線道路を中心として、新しいまちづくりをめざしています。

谷山第一地区は主に和田小校区、第二・第三地区は西谷山小校区になります。

なお、土地区画整理事業は、「市」だけではありません。組合や個人の場合もあり、谷山地区では、池田地区、魚見ヶ原地区、中山地区、慈眼寺地区、中山東地区、星ヶ峯南地区、東開町地区となっています。

平成２（１９９０）年　南消防署谷山北分遣隊に救急隊を配置。
星ヶ峯福祉館開館。

３（１９９１）年　皇徳寺小学校開校。
（谷山地区最後の新設校です。）

下は、この年の「山田町上空から星ヶ峯方面」を見た写真です。中央は永田川。左手前に一部見えるのが皇徳寺ニュータウン。上方には、左から星ヶ峯ニュータウン、西郷団地が谷間を隔てて連なっています。

４（１９９２）年　南部斎場落成。
（敷地約１万２０００㎡、延べ床面積約２９８３㎡、炉数８基です。）

【山田町から星ヶ峯方面】

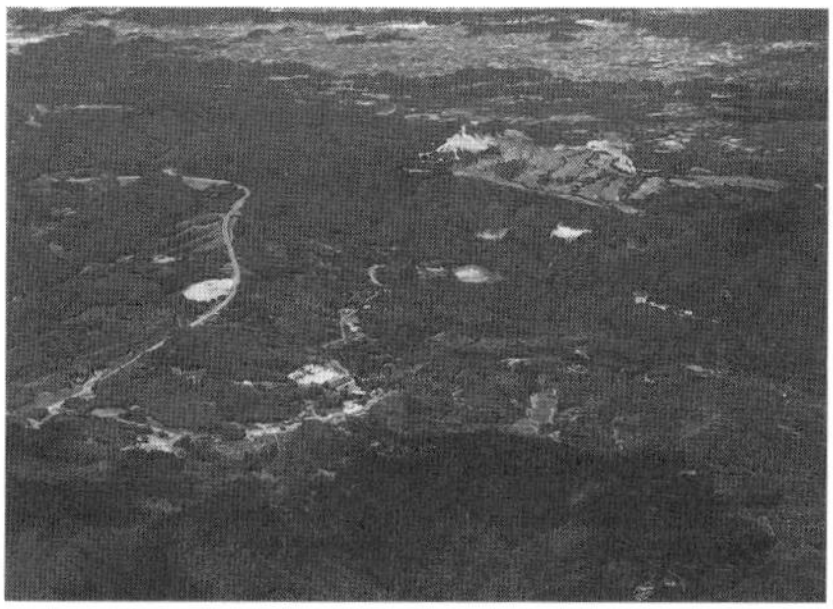

【下福元町・錫山　平成４年】

市道小松原山田線開通。
谷山・皇徳寺の地域福祉館開館。
県道２１９号線（玉取迫鹿児島港線）開通。

市道小松原山田線は、産業道路の鹿児島南警察署前から中山団地などを抜けて山田町までを結んでいます。東西幹線道路の機能も持っています。

県道２１９号線は、谷山インターチェンジを起点とし、平川町（鹿児島港谷山二区）を終点としています。「産業道路と指宿スカイラインを結び、市街地中心部を通過させないで車を流そう」という考えから造られました。総距離６・１９９kmです。昭和51年には、和田～平川間（４km）が開通（産業道路の一部）していました。
谷山インターチェンジ～慈眼寺大橋間（２・５km 自動車専用道路）が暫定《ざんてい》２車線で開通し、和田トンネル（２

【県道 219 号線工事】

【和田トンネル】

75m）もできました。指宿スカイラインともつながっています。この自動車専用道路は、平成15年に4車線に拡幅されました。

　先にできていた和田～平川間（4㎞）と、県道217号線（郡元鹿児島港線）を合わせて、一般的には「産業道路」（117ページ参照）と呼んでいます。


平成5（1993）年　東開庭球場が新装開場。

　錦江湾公園に宇宙学習室・電波望遠鏡観測室がオープン。

　星ヶ峯ニュータウン完成。


　星ヶ峯ニュータウンの開発地域は、標高30～150mの丘陵地で広葉雑木林が主体です。当初は約234㌶の予定でしたが、社会経済情勢の変化により189㌶、さらに174㌶へと変更（昭和51年に工事着工）しました。

　団地を取り巻く環状線は車道幅が9m、歩道幅が外側2m、内側7m

【小松原・希望ヶ丘方面】

【星ヶ峯ニュータウン】

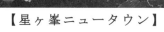

で18ｍあります。十字路の交差点にならないようT字型とし、「信号機の無い町づくり」を目指しての設計でした。団地の中央には、「せせらぎ公園」（長さ約１㎞、幅20ｍの緑地帯）も設けられました。

なお、この年はいわゆる８・６水害や台風13号災害がありました。鹿児島市は10月になって、ようやく災害対策本部を閉鎖しますが、梅雨入りから台風13号までの被害総額は４３８億円、人的被害は死者47人、行方不明者１人、家屋の全壊２５８棟、半壊２９０棟、床上浸水９５０３棟、床下浸水２９９６棟となりました。

平成６（１９９４）年　南部清掃工場落成。

広木清掃工場（昭和41年完成）の老朽化による立て替えや、ごみ量の増加、ごみ質の多様化に対応するため、最新鋭のごみ処理工場として、１号用地に完成しました。１日３００トンのごみの完全焼却、公害防止のために排ガスの完全燃焼、コンピュータ制御のシステム自動化、余熱の有効利用（３０００キロワットの発電設備）等ができます。

南部清掃工場

皇徳寺団地は、昭和55年から開発が始まり、平成4年には、住宅表示が「皇徳寺台○丁目」となります。中央の手前が宮川小、その先に皇徳寺中学校、指宿スカイラインを越えて皇徳寺小学校です。平成7年には、約1万4000人が暮らしています。

この年の市の農業マップです。谷山地区の特徴として、果樹や花き栽培が盛んであるとしています。

平成8（1996）年　市電谷山電停リニューアルオープン。

（ドーム型の屋根が設置されています。）

市食肉センターが移転開業。

（3㌶の用地があり、延べ床面積は約1万4000㎡です。）

鹿児島市が、全国で最初の中核市になっています（4／1）。

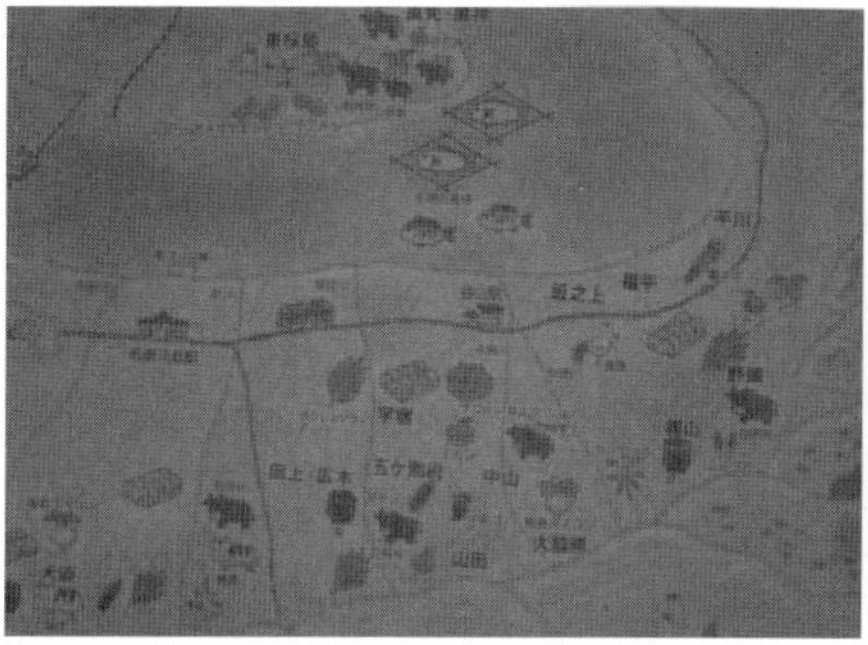

【農業マップ（谷山地区）】

【皇徳寺団地 平成7年】

下の写真は、谷山インター上空から市街地を遠望したものです。手前の楕円状の屋根があるのが南部斎場、中央右手に市営万田ヶ宇都墓地です。「山の緑が豊かなインター付近と刈り入れの終わった田園、そしてその先に広がる住宅街。たいへん印象的な風景である。」とコメント（『市民フォト鹿児島』64号）しています。

平成9（1997）年　慈眼寺公園リニューアルオープン。
東谷山福祉館新築移転。
ふるさと考古歴史館オープン（4月）。

ふるさと考古歴史館は、縄文時代草創期の掃除山古墳（18ページ参照）や江戸時代後期の鹿児島城下町の様子など、鹿児島市の歴史や文化を大型映像や最新の情報・映像機器を使って紹介する参加体験型の博物館です。翌年2月には、入場者が10万人を超えています。

なお、11月には市の人口が55万人を突破しています。

【谷山インターから市街地】

ふるさと考古歴史館

下の写真は、中山町白山の航空写真です。上部の団地が、左から桜ヶ丘団地、中山団地、自由ヶ丘団地です。中央部左に中山小学校がありますが、周囲はまだまだ田畑が多いですね。

平成11（1999）年　高齢者福祉センター谷山起工式。
（高齢者の生きがいと健康づくりを支援するための施設で、市内に6ヶ所あります。）

平川町芝野上空からの写真です。中央を通っているのが国道226号線とそれに沿ったJR指宿枕崎線。その曲がり角にあるのが福平小学校。右上に見えるのが、平成8年10月に移転開業した食肉センターです。

12（2000）年　知的障害者福祉センター完成。
（体育館や温水プール等があります。）

【中山町白山付近】

【平川町上空から】

市は、３月に『鹿児島市谷山地区中心市街地活性化基本計画』を策定しています。「出会いと発見、そしてにぎわいのある新しい『たにやま』の顔づくり」として、市街地の整備改善と商業などの活性化を中心とし、おおむね10年計画です。

平成15（２００３）年　鹿児島県立開陽高等学校が上福元町に移転。

【小原町上空から 平成 12 年】

開陽高校は、同12年に下伊敷で開校しましたが、学校規模が大きくなり、旧県農業試験場等の跡地に移転しました。現在は、全日制が普通科と福祉科で生徒数３１５名です。定時制が１３５名、通信制が１７４３名です。公立では県内初で唯一の単位制高校です。

16（２００４）年　和田福祉館開館。
鹿児島ふれあいスポーツランド開園（中山町）。

ふれあいスポーツランドは、スポーツやレクリエーション活動を通して、心身のリフレッシュや健康づくりを楽しむとともに、ふれあい交流やコミュニケーションの形成を目的とした、総合公園です。プール（25ｍ）、屋内運動場（70×40ｍ）、運動広場、芝生広場（天然芝、サッカーでもラグビーでも２面）、クレー広場（ソフトボールなら４面）等があります。

平成19（２００７）年　市長寿あんしん相談センター、谷山中央と谷山北が開設。

（平成24年には、谷山南にも開設しています。）

平川動物公園、開園以来の入園者２０００万人突破。

鴨池から移転、開園して35年での２０００万人突破です。１年平均の入場者数は約57万余人となります。コアラやホワイトタイガーなど話題となった動物も多く飼育してきましたが、前年には再整備基本計画策定検討委員会が始まっています。その後、夜間開園をしたり、平成22年３月を１回目として数回のリニューアルオープン（「人と動物が共存し、環境にやさ

【平川動物公園リニューアル】

高架橋工事

しい動物公園」へと生まれ変わる）をしたりしています。

平成20（２００８）年　谷山北公民館開館。

　　谷山地区連続立体交差事業起工式典。

谷山地区連続立体交差事業は、鉄道高架化で踏切による交通渋滞や市街地の分断を解消し、交通機能の強化を図るものです。

事業区間は、東谷山２丁目～慈眼寺町の約３㎞（うち高架区間は約２・７㎞）、除却踏切数は15、鉄道と立体交差する道路は都市計画道路で５路線、市道で17路線です。

高架橋工事

谷山駅と慈眼寺駅の高架駅舎を建設し、平成27年度には高架切り替えを完了し、翌28年度には事業全体を完了する予定です。

国道２２６号、平川道路の上空写真です。恒常的に交通が混雑していた平川交差点付近から産業道路南入口交差点付近までを約２・３㎞を国が「平川道路」と

【平川道路　平成21年】

して、平成13年度から道路拡張などの工事を進めました。当初、平川交差点付近を中心に整備が行われ、県道谷山知覧線への右折レーンの延伸などを行い、平成26年にすべての工事を終わっています。

平成23（２０１１）年　錫山地区でかごしま市乗合タクシーが運行開始した。

鹿児島県立鹿児島盲学校が、上福元町に移転した。

広くなった平川道路

乗合タクシーは、月・水・金曜日の１日３往復です。往路は錫山地区↓慈眼寺団地バス停か勘場バス停、復路は慈眼寺団地バス停↓錫山地区で、料金は１５０円です。追加降車バス停も６ヶ所（料金は６５０円）設定されています。

盲学校は、明治36年２月の創立で、以前は、下伊敷にありました。現在は、小学部から高等部専攻科まで４部あり、生徒数46名です。

鹿児島南高校、開陽高校、盲学校と県立の３校がほぼ並んで建設されています。

この年は、東日本大震災や九州新幹線の開通など大きなことがありました。九州新幹線は、整備計画決定から38年目の悲願達成でした。

平成24（２０１２）年　「日本最南端の電停」の標柱を谷山電停に建立。

鹿児島市電車運行１００周年記念事業開催（大正元年に武之橋～谷山間に開通してから１００年ということです。）

25（２０１３）年　谷山市民会館リニューアルオープン。

鹿児島七ツ島メガソーラー発電所竣工記念式典。

南部親子つどいの広場・南部保健センターオープン。

このメガソーラー発電所は、東京ドーム約27個分、約１２７万㎡（約

メガソーラー発電所全景

太陽光パネル

1・3km×約900m）もの広大な土地に、太陽光パネル約29万枚が設置され、70メガワットの電気を作り出します。国内最大規模（稼働時）です。太陽光パネル（正式名は太陽電池モジュール）は、1枚約10万円しますが、約1m×約1・6mの大きさです。南の空に向けて、20度の角度で設定（太陽光を最も受けやすく、桜島の降灰を落としやすい角度です）してあります。

南部親子つどいの広場は、子育て中の親とその子どもが気軽につどい、相互に交流するとともに、子育てに関する情報提供などを行う施設で、愛称は「たにっこりん」です。南部保健センターと合わせて、両施設とも同敷地にあります。

平成26（2014）年　鹿児島港谷山1区に、国際定期貨物が初就航する。

これまで博多―鹿児島―那覇―宮古―石垣だった航路を台湾（高雄）まで延伸したもので、鹿児島には毎週火曜日に博多行き、木曜日に台湾行きが接岸します。

南部保健センター

最後に、谷山地区の人口推移を調べてみます。谷山地区の発展・変化を最も明確に示すものが人口推移です。

谷山地区は、明治期には人口２万人を超え、日本３大村の１つ（84ページ参照）と言われました。昭和17年に３万人になると、おおよそ戦後も３万人台が続きますが、合併前の昭和40年代には４万人を超えます。

年度	人口	増加人数
昭和４２	４５７２０	
４５	５１９１７	６１９７
４８	５９８２４	７９０７
５１	７４２２０	１４３９６
５４	９１２５３	１７０３３
５７	１０８２３９	１６９８６
６０	１２１３１３	１３０７４
６３	１３２１９５	１０８８２
平成　３	１４１４９８	８７０３
６	１４９６２６	８１２８
９	１５４４５４	４８２８
１２	１５６３７３	１９１９
１５	１５７３７１	９９８
１８	１５７３１８	－５３
２１	１５８４３２	１１１４
２４	１５９５７６	１１４４

合併以後の人口の推移は、上表（その年の10／1現在の人口　３年おきに表示）のとおりです。

合併当時、約４万５０００人だった人口が、現在では約16万人になっています。合併後まもなく50年になりますが、平成７年には15万人を超えています。合併後前半の25年で15万人まで増え、後半の20年は微増傾向ということがわかります。増加が続いた中で、平成16年（前年比１８４人減）と17年（同２４８人減）のみ減少です。

前半25年間の人口の伸びは驚くばかりですが、おおよそ、昭和40年代前半は毎年約２０００人の増加です。以下、同40年代後半は約３０００～４０００人、同50年代前半が約６０００～７０００人、同50年代後半が約４０００～５０００人、同60年～平成初期にかけて約３０００人、平成３～7年が約２０００人などとなっています。

最も人口の増えた1年間は、昭和54年10／1～同55年９／30で、７３１４人の増加です。平均すると、毎日20人ずつ増えたことになります。

昭和40～50年代にかけて、桜ヶ丘団地や慈眼寺団地などが次々に造成されたことと、大いに関係があります。

１０７ページで、「この50年の変化こそが谷山地区の最も特徴的な歴史事象の１つ」と述べましたが、厳密には、「合併後の25年」ということになります。

今度は、次ページの表を見て見ましょう。鹿児島市全体と谷山地区の人口の割合を示しています。

年度	鹿児島市全体	谷山地区	人口比
昭和４２	３８８４０９	４５７２０	１１．８％
４５	４０３３４０	５１９１７	１２．９
５０	４５６８２７	６７６７０	１４．８
５５	５０５３６０	９８５６７	１９．５
６０	５３０５０２	１２１３１３	２２．９
平成　２	５３６７５２	１３９６０２	２６．０
７	５４６２８２	１５１６９３	２７．８
１２	５５２０９８	１５６３７３	２８．３
１７	６０４３６７	１５６９３９	２６．０
２２	６０５８４６	１５９０５４	２６．３
２５	６０７６０４	１５９７５３	２６．３

合併当時、鹿児島市全体に対する谷山地区の人口比は、約12％です。その後、昭和50年には15％近く、そして同55年には約20％と5年間で5％近く上がります。この5年間は、谷山地区の人口増加が最も高かった時期（前ページ参照）です。同60年には20％を超え、平成11年の28．4％が最高です。

平成16年に松元町や喜入町など周辺5町を編入合併し、新鹿児島市が誕生するため、数値は若干下がりますが、現在でも4分の1強を占めています。

また、昭和60年～平成7年の10年間では、鹿児島市全体の増加数（1万5780人）よりも谷山地区の増加数（3万0380人）の方が多いため、この10年間は、谷山市と合併する前の旧鹿児島市地区では、人口が減少傾向だったことがわかります。

なお、平成25年度で、市全体の人口は60万7604人ですが、市役所の本庁・支所別では以下のようになっています（谷山支所を除く）。

本庁　29万7800人　伊敷支所　5万3109人　東桜島支所　1221人
吉野支所　4万6928人　吉田支所　1万9844人　桜島支所　3585人
喜入支所　1万1621人　松元支所　1万5045人　郡山支所　7558人

Ⅱ部　谷山の学校の歴史

第1章　明治時代～昭和42年（合併）以前

明治以降の学校教育を調べるためには、その前の時代の幕末の社会状況や子弟教育を知っておく必要があります。

おおまかには、1853年のペリー来航を機に動乱期に入りますが、学問や教育の必要性も高まります。薩摩藩では、島津斉彬が各郷に学校、稽古所を設立することを提案し、谷山郷にも設立されました。

谷山郷では、地頭仮屋稽古所（谷山小付近）、川口稽古所（旧宮川小付近）、辺田郷中稽古所（中山小付近）、錫山山中稽古所の4カ所です。設立・閉校等はそれぞれ違いますが、後の谷山小・宮川小・中山小・錫山小へとつながっていきます（戦前の学校

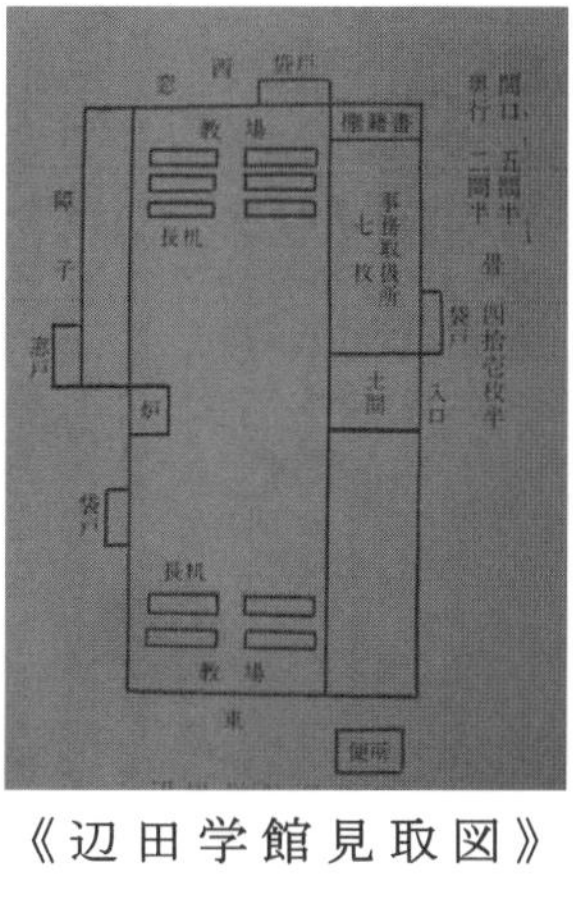

《辺田学館見取図》

辺田学館跡

は「○○簡易小」とか「○○尋常小」とかの場合もありますが、すべて「○○小」で記述します)。

なお、戦前の教育機関には、学舎とか青年学校とかいろいろありますが、ここでは、小学校と中学校のみとします。

以下、時系列で確認しますが、学校設立や児童数等だけでなく、興味深いトピック的なものも折にふれ、記述していきます。学校関係ですので、年度で表します。例えば、平成5年2月なら、平成4年度となります。

明治2(1869)年　地頭仮屋跡に立志館が設置された。
(生徒100余名。谷山小は、この年を学校設立年としています)。

5(1872)年　谷山十五郷校設立(生徒150余名)。

地頭仮屋稽古所は、立志館、谷山十五郷校へと変わります。郷校は藩

早馬小跡

〔谷山小(100周年)〕

への申請順で番号が決まりました。郷士の子弟教育が中心で、教員5名と助教20余名です。学科は、読書、算術、習字、体操、英語です。英語があるのがびっくりですが、どんな英語だったのでしょうか。

明治9年5月に、谷山小学校となります。翌年の西南戦争に関係しますが、校舎が3棟とも全焼していいます。私学校生徒が「谷山小学夜学校」を弾丸製造所とし、失火したためです。学校の資本金も西南戦争の軍資金として使われてしまいました。

一時閉校しますが、明治11年に新校舎が落成しています。

同じく明治11年には、谿山郡の9町村（79ページ参照）に学校設立の気運が高まり、谷山小の他に、五ヶ別府村に川口小と宮山小、山田村に黒丸小、中村に白山小、上福元村に永田小と宮本小、松崎町に松崎小、和田村に蛭子小（明治20年頃閉校）、下福元村に里小（玉利地区）・坂上小・錫山簡易小・早馬小・迫田小、平川村に鳥越小（海之上地区　明治21年頃閉校）ができました。

明治12（1879）年　錫山小学校開校。

〔錫山小学校（１００周年）〕

錫山山中稽古所は、安政３（１８５７）年の設立でした。
錫山総会所を校舎として発足し、初めは寺子屋式で、教師１人に児童数20数名でした。この年の教科数は、算盤《そろばん》、小学読本（漢文）、習字の３教科です。同16年には、算数科を加え、４教科になっています。

明治18（１８８５）年　早馬小と迫田小を合併して、五位野に平川簡易科小学校ができる。

20（１８８７）年　谷山小学校を分離し、谿山、森山小学校となる（生徒６００余名、両校に永田小、松崎小、宮本小の３校を合併しています）。
中山小学校創立。

辺田郷中稽古所は、辺田学館―辺田学校と名称が変わります。明治10年には、谷山小学分校となり、生徒数41名です。白山小、黒丸小の2校と辺田学校が一緒になって、中山小学校となります。校区内の大字《おおあざ》

〔平川簡易科小学校跡〕

〔中山小学校（昭和７年頃）〕

の「中」と「山」田の頭文字をとって校名を決めました。同26年には、児童数187名です。

明治23（1890）年　宮川小学校創立。

前身の川口小学が明治8年にできますが、西南戦争の関係もあって閉校します。西南戦争には、私学校に協力して出軍し、学校に蓄えられていた共有金も軍資金として提供しています。その後再建され、「宮」山小と「川」口小が合併して、宮川小学校となります。

下図は、明治期の宮川小の校舎配置図です。明治の頃は、校舎（教室）ばかりで校庭のない学校が多かったのです。

25（1892）年　福平小学校創立。

平川簡易科小学校を改称し、坂之上から平川までの全域を通学区域としました。福平の校名は、下「福」元と「平」

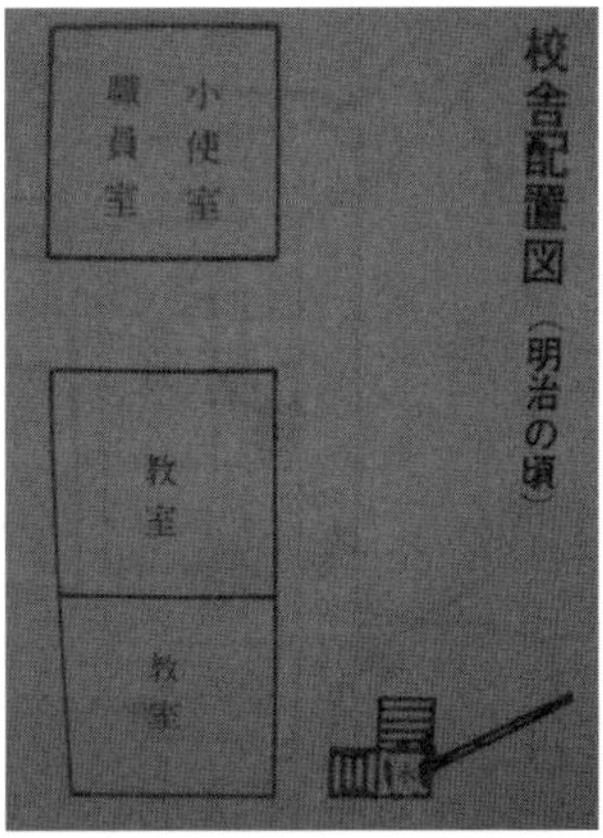

〔明治の校舎配置〕

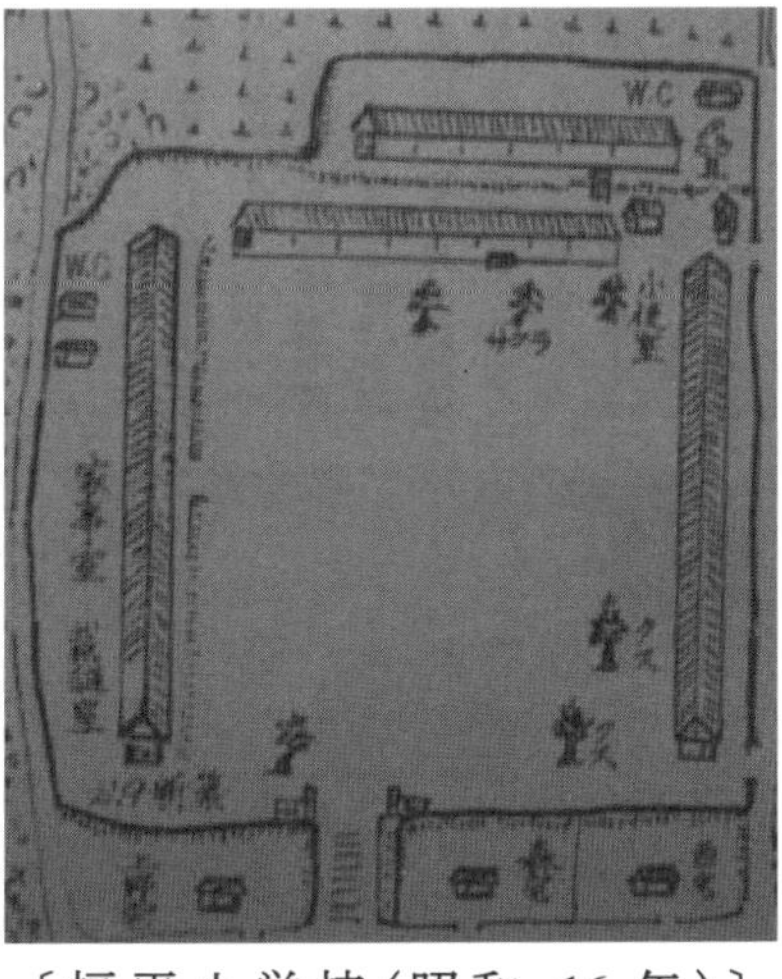

〔福平小学校（昭和 16 年）〕

川を合わせたものです。
その後、分校ができ、明治35年、平川小学校となります。

明治36（１９０３）年　和田小学校創立。
（森山小学校より分離・独立しました。）

「和田」の由来は、海の神「綿津見神《わたつみ》」の「綿」に基づくもので、海辺の意味があり、室町時代から文献に使われている地名です。

昭和44年に東谷山小学校ができますが、和田小学校ができてからの約65年間、谷山地区の小学校は、おおよそ谷山小・和田小・中山小・宮川小・錫山小・福平小・平川小の７校（分校を除く）です。

44（１９１１）年　福平小学校、火の河原《こら》分教場創立。
（昭和27年に、火の河原分校と改称しています。
１６８ページ参照）

〔平川小学校（**100**周年）〕

〔和田小学校（昭和**8**年）〕

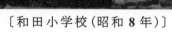

約１８０年程前、製鉄と製炭のため、万之瀬川下流の川辺方面から移住してきたのが、この地域の始まりです。当時、製鉄するには約15日ほどかかり、この間、木炭は砂鉄の約10倍が必要でした。海岸でとれる砂鉄を苦労して運んだのです。火の河原の「火」は、製鉄や製炭を意味し、「河原」は、砂鉄を何回も水洗いしたり、動力が水車だったりしたことが関係しています。

大正元（１９１２）年　谿山、森山両校合併。谿山男子校及び女子校となる。
２（１９１３）年　学校に電灯がつく（宮川小）。
５（１９１６）年　中山小学校平治《ひらじ》分校が開校。

中区松林付近に住む児童の通学距離が遠いため、保護者が茅葺きの家屋を建築寄付し、児童数48名で開設されています。昭和41年には、谷山小に統合です。

なお、昭和60年には、平治分校にあった「二宮尊徳像」が西谷山小に移

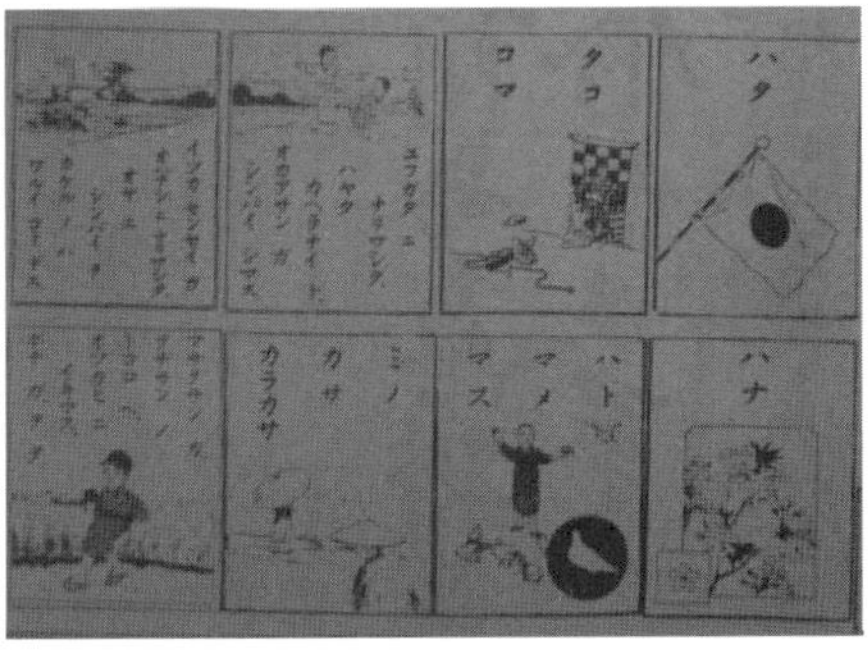

〔明治（上）・大正（下）の国語教科書〕

【中山小平治分校】

されています。

大正8（1919）年　和田小、学校水道施設できる。

9（1920）年　3ヶ年継続事業で、学校周囲の石垣建設（中山小）。

15（1926）年　電話の架設（中山小）。

昭和2（1927）年　錫山小児童数248名（最高）。

（同14年には、複式学級を解消しています。）

4（1929）年　谷山小、男子校と女子校が1つになる。

故国生岩右衛門先生記念碑除幕（平川小）。

（国生校長は、桜島出身で、びわを植えることを奨励し、平川発展のために尽くした人です。）

この年の谷山小の児童数は2750余名となりますが、前年の校区戸数は2400です。戸数よりも児童数が多いです。少子高齢化社会となった現代では、ちょっと考えられないですね。

二宮尊徳像

〔合同体操（昭和15年）〕

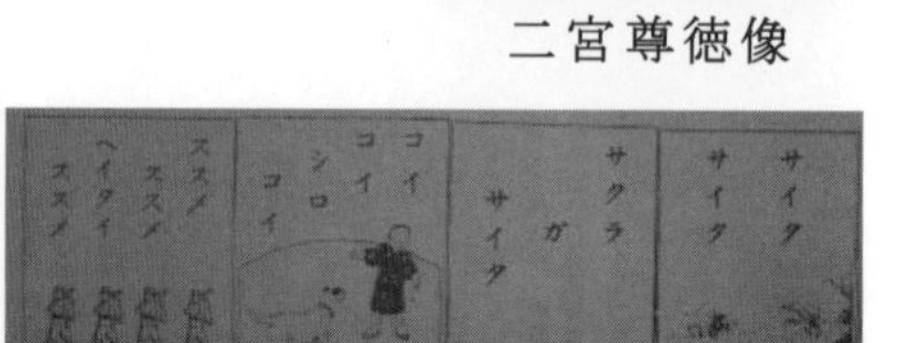

〔昭和初期の国語教科書〕

昭和８（１９３３）年　谷山小講堂（４１５坪）落成。

この講堂は長く使われ、文化財級といわれました。校庭には、記念のレリーフが残されています。他に、本校舎木造２階建て、理科室・手工室・農業室もできています。

９（１９３４）年　谷山小、本校舎２棟５７４２㎡竣工。

児童数２９７０名になっています。戦後、児童数が３０００名を超えたり、日本一の大規模校といわれたりしますが、この時期に３０００名近くです。

11（１９３６）年　和田校区婦人会よりピアノ寄贈（和田小）。

（同年には、２階木造校舎20教室落成です。）

〔谷山小講堂〕

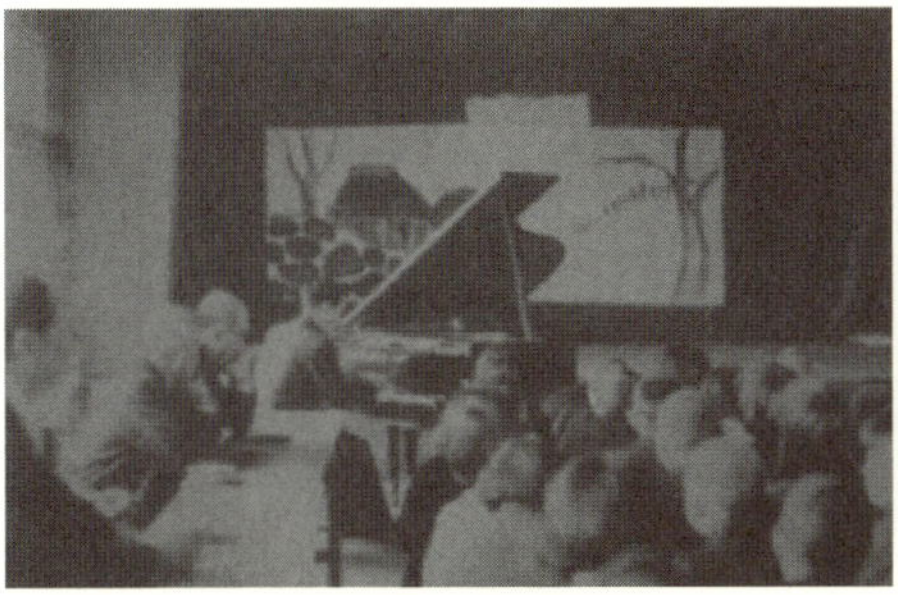

〔ピアノ開き〕

ピアノは、とても貴重品で、同30年頃、中山小で「ピアノ開き」の写真が残っています。

昭和12（1937）年　学校専用簡易水道を施設（福平小）。

昭和16年から「尋常小学校」から「国民学校」へと名称が変わりました。教科は、国民科（修身、国語、国史、地理）、理数科（算数、理科）、体錬科（体操、武道）、芸能科（音楽、習字、図画工作）です。今の中学校にあたる高等科には、男子に実業科（農業、工業、商業）、女子に芸能科（家事、裁縫）が付け加えられました。

昭和22年、戦後の新しい教育制度、いわゆる6・3・3制が始まりました。小学校6年、中学校3年、高等学校3年です。小学校と高等学校（旧制中学校）は以前からありましたが、教室や敷地等何もなかった現在の中学校をスタートさせるのは大変でした。

なお、下写真は、昭和23年3月（昭和22年度）の中山小の卒業写真です。説明文には、「希望に胸ふくらませて、発足した新制中学校に入学した。卒業アルバムにも新しい時代が反映して、男女仲良く肩を並べる

〔卒業写真(昭和22年度)〕

ようになった。」とあります。

戦前・戦中は、同じ学校でも、教室は別で、男子クラスと女子クラスに分かれていました。

昭和22（１９４７）年　谷山町立第一中学校―第四中学校発足。

谷山町では、谷山小校区に第一中（開校時の生徒数８７６名、以下同様）、和田小と錫山校区に第二中（２９９名）、中山小と宮川小校区に第三中（３５９名）、福平小と平川小校区に第四中（３３４名）と決まりました。４中の校章は、平和を象徴する鳩に中の字をあしらったもので、各学校は異なる配色で、違いを出しました。

但し、戦後の混乱の中で、新制中学をつくることは容易なことではありませんでした。教室はもちろん、机、椅子、教科書など何もないという状態でした。生徒数およそ９００名の第一中には、皮ボールがわずか1個、４中とも最初の数年は、それぞれ谷山小、和田小、中山小と宮川小、福平小と平川小に同居する有り様でした。中山小では、学校の備品、会計一切を両分して第三中に譲渡しています。

同24年、校名変更により、第一中から第四中は、それぞれ谷山中、和田中、谷山北中、福平中となりました。

昭和23（１９４８）年　谷山小学校40教室焼失。

この時は第一中も谷山小に同居（10教室を中学校借用）していましたので、ますます狭くなり、青空教室での授業が相当長く続きました。中学生は、全員旧谷山青年学校（96ページ参照）に移転しました。

このような中で、谷山町は、「谷山町六・三制完成四ヶ年計画」を決定しています。昭和23年からの３ヶ年に、谷山小の復旧、４中と錫山分校の建築、最後に谷山高等学校（96ページ参照）を建築するものです。予算を確保するため、各集落に目標額を割り当て、全町民一体となって郵便貯金（「六・三制貯蓄推進隊」の組織化）をし、活用しようというものです。そのため、各学校からも地域へ協力要請をしています。

この時代は、全国的に農地改革（94ページ参照）が進められており、４中の敷地選定をさらに難しくしていました。

【福平中学校】

また、和田中（当時は第二中）は、鹿児島軍政部から教育実験学校の指定を受けています。時代を感じさせますね。

昭和24（１９４９）年　谷山小学校、校舎二階４５０坪竣工。

福平中、新校舎に移転完了。

福平中の校区民労力奉仕による校舎敷地の整地作業は、１ヶ月以上の日数と作業延人員６３１４人にもなる大規模なものでした。生徒数は５０５名です。「学級数は11学級と認められたが、教室不足のため９学級とす」の記録もあります。

25（１９５０）年　谷山北中、新校舎移転。

（前年に校地埋立を行っています。また、中山小は南校舎の一部を公民館にしています。）

和田中、新校舎移転。

（前々年に校庭予定地を実測し、５回の校庭整

【和田中学校】

【谷山北中学校】

地作業と続き、移転後も校庭拡張工事を行っています。）

昭和26（1951）年　谷山小学校新校舎全館落成式（30教室）（3年前の火災を受けて、少年消防クラブを結成しています。）

谷山中、現在の田辺地区に移転。

谷山中は、前年度に第1期工事が竣工し、2・3年生が新校舎に移転、さらに第2期工事が竣工し、9月に1年生も新校舎に移転しています。移転敷地は、当初約2町5反（現在の校庭部分）でしたが、狭いということで、さらに1町歩追加し、約3町5反（3万4980㎡）となりました。

27（1952）年　和田中学校錫山分校竣工。

28（1953）年　和田小交通整理班、国家警察本部長官より表彰。

【谷山中】

〔錫山中学校落成式〕

（翌年には、少年消防クラブが、国家消防本部長より表彰されています。）

昭和30（１９５５）年　学校給食実施（中山小）。

谷山では最も早い学校給食ですが、他校でも、ミルク給食、完全給食、Ａ型・Ｃ型・Ｄ型給食などが実施されました。Ａ型が完全給食、Ｄ型がミルク給食です。

翌年には、福平中で、「冬季に味噌汁給食」も始まっています。

完全給食の実施については、小学校はすべて昭和30年代です。福平中が同39年、谷山中と和田中が同40年です。同41年の谷山北中の記録には、「水道施設の未完成で、完全給食が実施されていないのが遺憾」とあります。

昭和50年代からは、米飯給食も始まりました。

また、この年だけですが、和田小・中は「長い慣習をやぶり、和田中校庭で小中合同の運動会を開催」しています。

31（１９５６）年　和田中学校錫山分校を廃止して、錫山中学校とする。

33（１９５８）年　谷山小、児童数３０３３名となる。

児童数がついに3000名以上となります。下の写真は、この頃の運動会の様子ですが、さすがに人が多いですね。

昭和35（1960）年　はえとりコンクールで加治木保健所長より表彰（和田小）。

レールウェイボーイ（鉄道愛護子ども会）「県新生活運動協議会及び鹿鉄管理局長賞」受賞（福平小）。

37（1962）年　火の河原分校、全面改築。

分校は、校地拡張し、新校舎は、鉄筋平屋56坪ですが、谷山市内では鉄筋校舎第1号で、学校・校区とも大喜びだったそうです。

なお、同47年3月には石油倉庫竣工、4月には複々式を解消して複式となり、5月には完全給食を開始しています。

錫山小・中では、寒さ対策のため、各普通教室にストーブ（薪《まき》ストーブ）を設置しています。

〔谷山小運動会〕

火の河原分校跡

昭和38（1963）年　学校プール完成（谷山小）。

福平中では、学校飲料水が福平上水道（清泉寺水源の水道）の水に切り替わり、「創立以来の水の問題が解決」しています。移転当初は、水道設備がなく、民家（約300m）と小学校（約600m）からの貰い水で、生徒は水筒持参でした。その後、水道ができましたが、また修理（この時は福平小も苦悩）となっていたのです。

谷山中は、この年から「修学旅行を2年生時に実施」しています。

40（1965）年　校庭拡張工事完了（宮川小）。

第1回立春式（福平中）。

（同43年からは立志式になっています。）

41（1966）年　鉄筋2階建（4教室、水洗便所、階段）150

坪竣工（福平小）。

校庭拡張完了（谷山北中）。

〔福平小（昭和46年）〕

〔宮川小（昭和37年）〕

（2期に分け、用地取得も入れると5年かかっています。）

この年「小学校において、2501人以上は（全国で）わずかに2校だけ」（文部省　初等教育資料　7月号）であり、谷山小は、この時点で日本一の児童数（2701名　学級数60　職員数85）です。

また、谷山市は、谷山小を分割して、東部地区に第二谷山小学校（仮称）を新設する計画を決定しています。

昭和42（1967）年　福平小、PTA奉仕作業により養魚池兼用プール（8m×10m）竣工。

（なお、同45年には、12m×25mの鉄筋プール完成です。）

ちなみに、谷山市が鹿児島市と合併した昭和42年の谷山地区の小学校の児童数（9／25現在）は、次のとおりです。

谷山小2709名　和田小667名　福平小470名　福平小火の河原分校17名

平川小161名　錫山小133名　中山小419名　宮川小143名　合計4719名

この児童数からも、当時の谷山市の住宅地がどのように広がっていたか、想像できますね。

また、この年の各学校における最寄りの交通機関は、谷山小が市電で、他校は鹿児島交通バスとなっています。

第2章　昭和42年（合併）以後

ここでは、主に小学校を対象として、谷山地区の特徴を調べていきます。

合併後、谷山地区の学校関係で行われた最初の大きな出来事は、谷山小を2つの学校に分けることでした。

鹿児島市の一部となり、さらなる発展が期待される中で、大規模校の解消・新設校の準備が行われたことは、象徴的な出来事と言えます。

昭和43（1968）年　東谷山小学校開校（311名）。
　日宿直全廃（学校無人化　平川小）。
　（それまでは先生方が交代で、学校に宿泊していたのです。）

〔東谷山小学校（開校時）〕

前述（１７０ページ参照）の第二谷山小学校が、東谷山小学校として開校しました。校区は、永田川以北です。

開校については、３年計画で、学校に近い集落から順に、１〜６年生までの全児童を一緒に移すというものでした。

東谷山小の創立年月日は、昭和44年３月13日です。３年計画の１年目ということで、３１１名での開校です。開校時は校舎のみで、施設が順に造られていきますが、学校周囲の柵とコンクリートの正門ができたのは同50年です。

〔開校時の正門〕

谷山小は、児童減により、同46年にプレハブ教室を撤去していますが、その3年後からは、毎年4回にわたってプレハブ校舎を増設しています。後述（１７５ページ参照）の西谷山小の開校につながります。

ちなみに、同46年の児童数は、谷山小２０６４名、東谷山小１１８４名です。合計３２４８名になりますが、４年前の谷山小が２７０９名ですので、この間に５００名以上増えたことになります。

なお、172ページの（　）内の311名は、開校時の児童数で、以下の新設校においても同様です。

昭和44（1969）年　谷山小、大淀小（宮崎市）との交歓15周年を記念して、「交歓の歌」を制定する。
（この交歓は現在も年2回行われ、まもなく60周年です。）

49（1974）年　中山小、ウェンブリ小学校（オーストラリア）と姉妹校盟約。
平川小、校庭全面芝植栽。

50（1975）年　和田中学校、和田名に新築移転。
福平小火の河原分校閉校。
（閉校後、分校の校舎は、月1回の診療出張所として使われたこともありました。）

【和田中移転用地】

【移転後の和田中学校】

和田中は、七ツ島に近い海辺にありましたが、臨海工業用地の造成に伴い、その根幹となる産業道路の建設で、移転となりました。移転場所は、雑木林と水田の交じる地帯でした。用地造成は同48年度に行われ、面積は2万3000㎡です。

昭和53（1978）年　西谷山小学校（787名）開校。
　桜丘西小学校（100名）開校。

前年の谷山小は、2504名です。東谷山小の開校で、数年は2000名以下となりましたが、その後、増加傾向が続いたため、西谷山小の開校となりました。そのため、谷山小は1750名になっていますが、増加していた東谷山小が1931名で、逆転しています。

西谷山小がある一帯は、かつては湿地帯であり、それを埋め立て、建設したといわれています。西谷山小では、準備の関係からか、1学期の間、3～5年生は、谷山小で授業を受けています。また、同54年には、第2期工事でB棟校舎が完成し、同60年には校庭拡張工事が行

〔開校時の西谷山小学校〕

〔西谷山小学校（10周年）〕

われ、運動場施設の整備をしています。

桜丘西小学校は、１００名での開校ですが、桜ヶ丘団地の造成に合わせての開校と言えます。この時は、中学校敷地に建設された仮校舎で授業を開始しています。その後、10年かけて６回にわたる工事（教室や屋内運動場建設等）が行われました。

翌年からの児童数は、４４９→８９８→１０９９名と急増しています。なお、この年は西陵小も開校しています。偶然でしょうが、３校とも「西」がついていますね。

昭和54（１９７９）年　錦江台小学校（１０６７名）開校。

（慈眼寺団地の高台に学校はあります。）

前年の和田小は、１８０７名です。２０００名近くになったため、錦江台小ができますが、この年の和田小は９６０名です。校区内に団地を抱えた錦江台小の方が児童数が多いですが、これは平成９年（和田小１

〔桜丘西小学校(30周年)〕

〔錦江台小学校(開校時)〕

０４０名、錦江台小１０４４名）まで続きます。

昭和55（１９８０）年　東谷山中学校（８１８名）開校。

桜丘中学校（２５１名）開校。

県手づくり農園モデル校（中山小）。

児童数増加の学校分離による新設校設置が、小学校でまずは東谷山小だったのと同じように、中学校でも東谷山中です。

東谷山中は、開校時から８００名以上ですが、前年の谷山中は生徒数１８６７名（普通学級数44、特別支援学級２、教職員数77名）で、開校以来最高の生徒数でした。同年の生徒数は１１０６名です。

56（１９８１）年　星峯西小学校（４７１名）開校。

谷山小、鉄筋４階建の校舎完成。

（翌年度にも、もう１棟できています。）

〔教室風景 昭和54年〕

星峯西小学校

鉄筋の４階校舎は、この頃次々と建てられ、平川小が同58年度、中山小が同54年度、福平小が同56年度、和田小が同58年度、宮川小が同56年度です。

星峯西小は、中山小から分離して、２４９名が移動しています。星峯西小もその後急増します。２年後には１０００名を超え、さらに４年後には１５００名を超えて、１５７６名となります。

昭和57（１９８２）年　桜丘東小学校（６１４名）開校。
　　　　　　　　　　　星峯中学校（１５３名）開校。

前年に１０００名を超えていた桜丘西小も７４１名となります。両校の合計児童数が最も多いのは、同62年の１９４１名です。

59（１９８４）年　清和小学校（８５６名）開校。

前年の東谷山小は、２１２３名です。開校後、増加傾向が続いていた

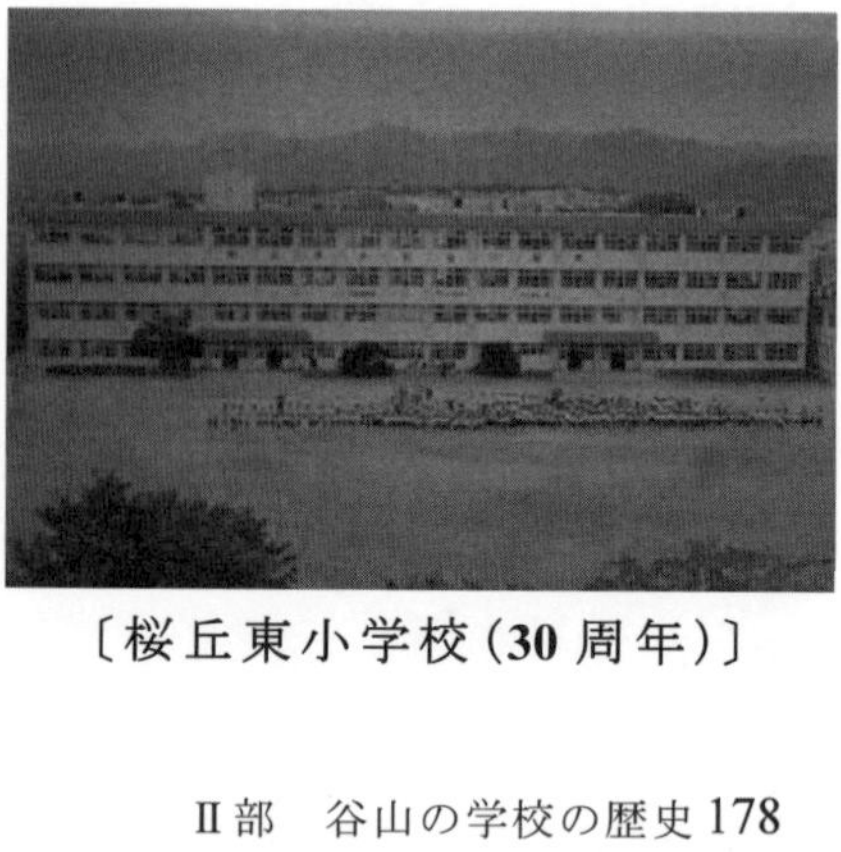

〔桜丘東小学校(**30**周年)〕

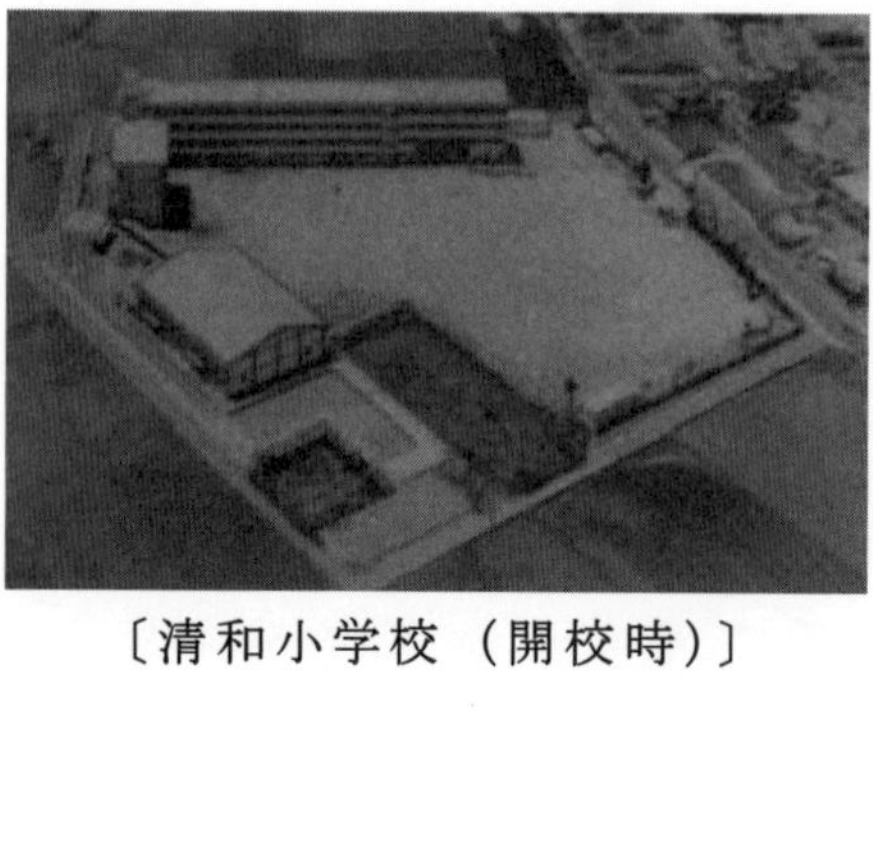

〔清和小学校（開校時)〕

ため、清和小ができ、東谷山小は１３６６名になっています。

なお、中山小の竹ノ迫地区の76名も清和小へ転校です。

谷山小（校区）は、この15年程で、４つの小学校（谷山・東谷山・西谷山・清和）に分かれたことになります。この年の４校の児童数は、谷山小が１６３７名、西谷山小が８９１名ですので、合計すると、４７５０名となります。

ちなみに、この４校の児童合計数が最も多くなるのは、昭和61年の４９１４名です。もともとは、おおよそ谷山小１校区だけですから、びっくりする数字ですね。また、合併した当時の谷山地区全体の児童数が４７１９名（１７０ページ参照）ですから、旧谷山小校区だけで、谷山地区全体を超えているということになりますね。

昭和61（１９８６）年　宮川小学校、皇徳寺ニュータウンに新築移転。

（同年に校区公民館落成です。）

〔移転後の宮川小学校〕

宮川小は、昭和42年の合併当時は１４３名でしたが、その後は減少傾向となっていました。昭和50年代半ばには50名前後です。それが皇徳寺ニュータウンの造成に合わせて、前年には１００名を超え、この年は３００名です。翌年には５００名を、その２年後には１０００名を超え、平成２年には１４２７名です。

なお、移転に伴い、中山小の大川内地区の24名も、宮川小へ転出です。

また、「炭床までバス路線開通、タクシー通学解消」の記録もあります。

１００名の学校が、わずか5年で１５００名近くです。

校区公民館については、同63年に和田小、平成2年に平川小などです。地域との連携、地域の活性化のために、市内の各小学校に設置されました。

昭和63（１９８８）年　星峯東小学校（７５４名）開校。

前年の星峯西小は、１５７６名です。両校の合計児童数が最も多くなるのは、平成４年の２１８６名で、２０００名以上は、平成元年～

星峯東小学校

6年までです。

平成2（1990）年　皇徳寺中学校（403名）開校。

3（1991）年　皇徳寺小学校（736名）開校。

（現在は、校庭全面芝の学校です。）

宮川小（前年は1427名）の児童数増加や皇徳寺ニュータウンの発展に合わせて、皇徳寺小学校ができます。宮川小は、仮設校舎を撤去しています。両校の合計児童数が最も多くなるのは、平成7年の2427名で、2000名以上は、平成4年～11年までです。

皇徳寺小学校

谷山地区では、合併後の約25年で、2校（宮川小と和田中）が児童数の増加や市街地の発展（都市計画）に伴い、新築移転しています。また、小学校で言えば、東谷山小から皇徳寺小まで、わずか20余年の間に、9校が開校（中学校は、約10年で4校が開校）しています。東谷山小ができるまでの約65年間は、おおよそ学校数は変わっていないことと比べると、その違いが顕著です。しかも、開校当初から大規模校でスタートしたという学校がほとんどです。特に、団地を抱えた学校の児童

・生徒数の推移には驚くばかりです。
前述（１４６ページ参照）したように、谷山地区の急激な人口増加を受けて、小・中学校も随分と変わってきたことがわかります。

ここからは、合併後の谷山地区全体の児童数や、鹿児島市全体における谷山地区の割合等を調べていきます。（但し、昭和43・44年の2年は、資料がないため除きます。）

年度	児童数	増加人数
昭和４２	４７１９	
４５	５０７５	３６３
４８	５６９３	６１８
５１	６９９１	１２９８
５４	９０４８	２０５７
５７	１１４２９	２３８１
６０	１２８２８	１３９９
６３	１３８４０	１０１２
平成　３	１４８０９	９６９
６	１４９２９	１２０
９	１３７０７	－１２２２
１２	１２１９６	－１５１１
１５	１１２０２	－９９４
１８	１０４３５	－７６７
２１	９９８７	－４４８
２４	９８０７	－１８０

まず、合併後の谷山地区全体の児童数の推移です。合併した昭和42年、谷山の児童数は４７１９名です。同45年には５００0名を、同55年には１万名を越えています。最も多いのが、平成４年の１万４９７０名です。その後減少傾向となり、同21年に１万人以下となります。同25

年度は９８１７名（前年比10名増）です。

ちなみに、中学校で最も生徒数が多くなるのは、平成８年の７３４２名です。中学校では、同11年から６０００名台、同15年から５０００名台、同22年から４０００名台です。

これを谷山地区の人口推移（１４６ページ参照）と比較してみましょう。

昭和の頃は、全体的には同じような傾向を示しています。平成になると、かなり違ってきます。地区全体の人口は、２年間減少したものの、全体的には微増傾向です。それに比べ、児童数は平成６年度以降、かなりの減少となります。平成６年を１００とすると、同25年度、地区全体の人口は１０６・８なのに対し、児童数は65・８となります。団地等の増加で、子どものいる若い世代の転居が多いでしたが、その子どもたちが卒業していく年代になったということです。

なお、地区全体では減少傾向ですが、西谷山小（６９７↓７３１↓７７２）、福平小（７９３↓８２５↓８８７）、中山小（１１３３↓１１６８↓１２３２）の３校は、ここ数年（平成24～26年度）増加傾向が続いています。

年度	鹿児島市全体	谷山地区	児童数比
昭和４２	３７８２９	４７１９	１２．５％
４５	３７６４７	５０７５	１３．５
５０	４１１６９	６４７５	１５．７
５５	４７７３６	１００５０	２１．１
６０	４８８８９	１２８２８	２６．２
平成　２	４４４６５	１４７０７	３３．１
７	４０１１３	１４７１６	３６．７
１２	３３３９８	１２１９６	３６．５
１７	３４１８６	１０７０４	３１．３
２２	３２８１６	９９７２	３０．４
２５	３２５６４	９８１７	３０．１

続いて、市全体と谷山地区の児童数及び市全体に対する谷山地区の割合（上表）です。５年おきの統計です。

合併当時、市全体は３万７８２９名で、谷山地区の児童数の割合は12・５％です。

市全体の児童数は、増加傾向を続け、最も多くなるのは昭和58年の４万９５９１名です。以後、減少傾向となり、平成25年度は３万２５６４名です。

市全体に対する谷山地区の割合も高くなっていきます。昭和49年には15％を、同55年には20％を、同59年には25パーセントを超えています。４人に１人は谷山地区の子どもです。平成３年には33・７％（３人に１人）となり、平成９年の37・２％が最高です。

昭和50年代の10年間は、市全体の児童数も増えている中で、10％以上の増加です。その後の平成にかけての10年間は、市全体は児童数が減少している中で、谷山地区は増加し、10％以上数値を上げています。こうしてみると、特に昭和50年代の増加が著しかったことがわかります。昭和50年代は、西谷山小・桜丘西小・錦江台小・星峯西小・桜丘東小・清和小と6校も新設されていましたね。

その後、低下傾向となり、また同16年には新鹿児島市の誕生（周辺5町の編入）もあったため、さらに下がりますが、それでも同25年度は30・1％です。

割合の数値を、人口全体（146ページ参照）と比べてみましょう。谷山地区の市全体に対する人口割合をA、児童数の割合をBとします。

合併当時、Aの11・8％に対し、Bは12・5％で、あまり違いはありません。その後、両方とも高くなっていきますが、Aの最高値は、平成11年の28・4％に対し、Bの最高値は、平成9年の37・2％です。このことから、市全体も谷山地区も人口は増加していきますが、特に、谷山地区では、市全体に比べ、小学生の子どものいるような若い世代の増加が多かったことがわかります。

前々ページで、平成6年と同25年を比べて、谷山地区の人口は106・8、児童数は65・8でした。鹿児島市全体はどうかというと、人口は１１１・９、児童数は79・０となります。谷山地区の方が、児童数減少の割合が高いですね。

同16年に新鹿児島市となって人口は約５万人、児童数は３２００余名増えましたが、現代の少子高齢化社会を象徴する数字ですね。

左表は、全体人口に対する児童数の割合を、鹿児島市全体と谷山地区別に示したものです。

年度	鹿児島市全体	谷山地区
昭和４２	９．８％	１０．３
４５	９．３	９．８
５０	９．０	９．６
５５	９．４	１０．２
６０	９．２	１０．６
平成　２	８．３	１０．５
７	７．３	９．７
１２	６．０	７．８
１７	５．７	６．８
２２	５．４	６．３
２５	５．４	６．１

全体的傾向として、昭和の頃は、両方とも10％前後ですが、平成になって数値は下がってきます。鹿児島市全体に関しては、少子化の社会的影響が大きいと考えられます。

谷山地区では、昭和40年代は減少が続き、９％台となりますが、昭和50年代から平成にかけて10％台になっています。大型の団地造成や町の発展に伴う人口増加の中で、若い世代の居住が増えたことが主な理由と考えられます。平成になってからの減少については、そのような若い世代の子どもたちが小学校を卒業する年代になったことや、少子化の影響が考えられます。

最後に、合併後の旧鹿児島市地区と谷山地区との１０００名以上の大規模校数を比較します。

但し、児童数が増加したため、分離して結果的に児童数が減少した学校が多いことには、注意しておく必要があります。

まず、２０００名を超えていた学校名です（昭和43、44年度を除く）。

旧鹿児島市地区では、昭和42年中郡小、同45年原良小、同46年原良・玉江小、同47年大竜・原良・田上・玉江小、同48年原良・玉江小、間をおいて、同54～55年吉野・坂元小、同56～59年坂元・武岡小、同60～62年武岡小です。昭和30年代では、もっと中心部の学校が２０００名を超えていますから、団地部の学校は急激に児童数がふくらむ半面、旧市街地は減少するという、ドーナツ現象が起こっています。

谷山地区では、昭和42年谷山小、同45～52年谷山小、同54～58年東谷山小です。

今度は、１０００名以上の学校数（２０００名以上の学校を含む）です。

旧鹿児島市地区では、昭和40年代が20校近く、同50年代になって20校前後ですが、同60年代が15校前後、平成になってからは1ケタとなります。平成5年までは5校以上ですが、徐々に減少し、平成16年からは1校（同16～20年は西紫原小、同21年～は吉野小）です。

これに対し、谷山地区では、昭和42年は谷山小1校です。同45～54年の10年間は3校です。同55～63年はおおよそ6～7校、平成になっておおよそ9校となり、平成5年には10校です。谷山地区は16校ですので、6割以上です。同6～11年が1ケタ後半、平成12年以降2校（同21年～は、谷山小と中山小）となります。

最近の10数年は、両地区とも同じような傾向・数値ですが、それ以前は全く逆になります。旧鹿児島市地区では、昭和40～50年代にかけて、おおよそ半数以上が1000名以上ですが、谷山地区では、平成になってからです。

これまで、谷山地区の特徴を、Ⅰ部では縄文時代から現代までの通史から、Ⅱ部では明治以降の学校関係から、調べてきました。

谷山地区の歴史として特徴的なことは、『鹿児島県の歴史』の年表（１０６ページ参照）に記述されている通りですが、時期的には50年程前の鹿児島市との合併（鹿児島市の発展が南へ進んでいた）に伴い、人口４～５万人の地方都市から、人口16万人の「中核市の副都心」への変貌も驚くばかりです。

大規模な土地区画整理事業やＪＲの高架橋工事など、都市としての整備が進められている一方、人口増加も微増となり、少子高齢化の中で、小・中学生等の減少も目立ちます。

これまでの50年とは異なるタイプの町づくりが求められています。

谷山地区の歴史・現状をふまえて、鹿児島市民として、谷山地区の住民としての自覚をもって、生活していきたいですね。

〔主な引用・参考文献〕（50音順）

『宇宿郷土史』（木原三郎著　宇宿小学校百周年記念誌　昭和54年）
『鹿児島開発事業団史　二十八年のあゆみ』（鹿児島開発事業団　平成5年）
『鹿児島県史料　旧記雑録拾遺　諸氏系譜一』（鹿児島県　平成元年）
『鹿児島県史料集23』（鹿児島県史料刊行委員会編著　鹿児島県立図書館　昭和58年）
『鹿児島市史Ⅳ』（鹿児島市　平成二年）
『鹿児島市統計書』（鹿児島市企画部企画調整課）
『鹿児島市文化財調査報告書6　鹿児島市中世城館跡』（鹿児島市教育委員会　1989年）
『鹿児島市埋蔵文化財発掘調査報告書25　不動寺遺跡』（鹿児島市教育委員会　平成11年）
『鹿児島の路面電車50年』（鹿児島市交通局　昭和53年）
『角川日本地名大辞典　46　鹿児島』（角川書店　昭和58年）
『県史46　鹿児島県の歴史』（原口泉他著　山川出版社　2011年第2版）
『三国名勝図会』（青潮社版　昭和57年）
『市制百周年記念　鹿児島市100年の記録』（鹿児島市企画部　平成元年）

『詳説　日本史B』（山川出版社　２０１４年）
『谷山』（市勢要覧　谷山市　１９６４年）
『谷山郷土誌資料集２　谷山雑記』（昭和45年）
『谷山市誌』（谷山市　昭和四十二年）
『谷山史談　創刊号』（谷山史談会　昭和六十年）
『谷山の教育』（谷山市教育委員会　１９６７年）
『谷山の歴史と文化財　改訂版』（谷山観光協会　平成16年）
『日本庶民生活史料集成　第九巻　民俗』（三一書房　１９６９年）
『日本歴史地名体系　第47巻　鹿児島県の地名』（平凡社　１９９８年）
『―ふるさとの歴史ガイド―　谷山の歴史と文化財』（谷山観光協会　平成26年）

その他に、鹿児島市役所の「かごしま市民のひろば」「市民フォト鹿児島」「市政広報写真フラッシュ」や、谷山地区16小学校の記念誌等を参考にしています。

著者紹介

麓　純雄（ふもと・すみお）

1957年生。鹿児島大学教育学部卒。兵庫教育大学大学院修士課程社会系コース修了。鹿児島市立西谷山小学校校長。著書に『奄美の歴史入門』（南方新社）、「『文化』を理解させる伝統産業学習」『社会科授業研究第4集』（明治図書）、「明治維新と我が国の近代化」『小学校歴史学習の理論と実践』（東京書籍）、「子供のよさを生かす社会科学習指導」『社会系教科教育の理論と実践』（清水書院）等。

谷山の歴史入門

二〇一五年三月二十五日　第一刷発行

著　者　麓　純雄
発行者　向原祥隆
発行所　株式会社南方新社
〒八九二―〇八七三
鹿児島市下田町二九二―一
電話　〇九九―二四八―五四五五
振替口座　〇二〇七〇―三―二七九二九

印刷・製本　株式会社イースト朝日
定価はカバーに表示しています
乱丁・落丁はお取り替えします
ISBN978-4-86124-313-4　C0021